MW01673126

MIT DEN TIEREN SPRECHEN

GARY M. DOUGLAS UND DR. DAIN HEER

ACCESS CONSCIOUSNESS PUBLISHING

Originaltitel: Talk to the Animals

Zweite Auflage
Copyright © 2013 Gary Douglas und Dr. Dain Heer
Access Consciousness Publishing
www.accessconsciousnesspublishing.com
Erste Auflage veröffentlich 2012 im Verlag Big Country Publishing

Mit den Tieren sprechen
Copyright © 2022 Gary M. Douglas und Dr. Dain Heer
ISBN: 978-1-63493-597-5
Access Consciousness Publishing

Alle Rechte vorbehalten. Kein Teil dieser Publikation darf ohne vorherige schriftliche Genehmigung des Herausgebers in irgendeiner Form oder auf irgendeine Weise elektronisch, mechanisch, durch Fotokopieren, Aufzeichnen oder anderweitig reproduziert, in einem Datenabfragesystem gespeichert oder übertragen werden.

Autor und Herausgeber des Buches erheben keinen Anspruch auf und geben keinerlei Garantie für physische, mentale, emotionale, spirituelle oder finanzielle Resultate jedweder Art. Sämtliche vom Autor zur Verfügung gestellten Produkte, Dienstleistungen und Informationen dienen ausschließlich der allgemeinen Bildung und Unterhaltung. Die hierin enthaltenen Informationen sind in keinster Weise ein Ersatz für medizinische Beratung. Sollte der Leser die in diesem Buch enthaltenen Informationen für sich selbst nutzen, übernehmen der Autor und der Herausgeber keinerlei Verantwortung für etwaige daraus folgende Handlungen.

Gestaltung: Katarina Wallentin
Foto von Gary Douglas & Destino von Dr. Dain Heer
Innengestaltung: Anastasia Creatives
Bild innen © Etunya dreamstime.com
Bild Rückseite © Adam Kazmierski istockphoto
Übersetzt aus dem amerikanischen Englisch von Marliese George

Werde zu Dr. Dolittle ...

Inhaltsverzeichnis

Kapitel eins

Mit den Tieren sprechen

Wir gehen oft davon aus, dass wir eine klare Antwort erhalten, wenn wir jemandem eine Frage stellen. Leider irren wir uns diesbezüglich häufig. Tiere hingegen werden uns immer eine klare Antwort geben, allerdings nicht verbal. Jedes Tier hat seine eigene Art zu kommunizieren, aber eines haben sie alle gemeinsam: Sie kommunizieren nicht unbedingt in Worten, sondern eher in Bildern. Um mit Tieren kommunizieren zu können, müssen wir auch lernen, in Bildern zu kommunizieren. Zum Glück ist das nicht schwer.

Als ich anfing zu lernen, mit Tieren zu sprechen, hatte ich ein wunderbares Erlebnis mit einem Wolf. Seine Besitzerin plante eine Reise nach Europa, um Pferde zu kaufen. Sie sagte dem Wolf immer wieder: „Ich gehe weg, und ich komme wieder." Je öfter sie ihm das sagte, desto unruhiger wurde er, bis er schließlich nicht mehr schlafen und von ihrer Seite weichen wollte. Schließlich rief sie mich an und fragte: „Können Sie mir helfen?"

Bei Problemen solltest du immer das Tier fragen, was los ist. Es weiß immer, was das Beste für es ist, und das kann es dir mitteilen – wenn du ihm Fragen stellst. Du solltest aufhören, davon auszugehen, dass du die Antwort kennst, weil du ein Mensch bist und denken kannst. Denken ist übrigens nicht deine großartigste Fähigkeit, sondern deine schlechteste. Hör auf, darüber nachzudenken, was mit dem Tier los sein könnte, und stell ihm einfach eine Frage. Wenn du einem Tier eine Frage stellst, wird es dir antworten.

Ich fragte den Wolf, was mit ihm los sei, und ich empfing eine Flut von Informationen in Form von Bildern. Wenn Tiere kommunizieren, geben sie dir ein komplettes Bild, nicht nur Teile. Sie geben dir das Ganze auf einmal, weil sie kein Konzept einer linearen, auf Logik basierten Realität haben. Unsere Vorstellung von einer linearen Realität ist ein Konstrukt; sie entspricht nicht der Wahrheit. Tiere haben ein ganzheitliches Bild, das umfassender und größer ist als das, was wir in unserem eigenen Universum zu haben bereit sind. Der Wolf gab mir so viele Informationen auf einmal, dass ich nicht verstand, was er mir sagen wollte.

Ich sagte: „Du musst es mir langsamer zeigen. Lass es mich in Zeitlupe sehen, damit ich es verstehen kann." Er zeigte es langsamer, und ich begann Bilder davon zu sehen, wie die Frau weggehen würde, was für den Wolf bedeutete, dass sie sterben würde. Er erzählte mir, dass er und die Frau über viele Leben hinweg eine lange gemeinsame Geschichte hatten. Er zeigte mir Bilder von vergangenen Leben, in denen sie zusammen gewesen, gestorben und in einem anderen Leben wieder zusammengekommen und gemeinsam herumgelaufen waren, gejagt und Fleisch heimgebracht hatten.

> Ich sagte zu dem Wolf: „Zeig mir, was passieren würde, wenn sie wieder mit dir herumlaufen würde." Er zeigte mir ein Bild, auf dem die Frau wegging und mit Fleisch zurückkam.
>
> Ich riet der Frau: „Sag deinem Wolf, dass du auf die Jagd gehst und mit Fleisch zurückkommst."
>
> Sie fragte: „Und wie soll ich das machen?"
>
> Ich erwiderte: „Zeig es ihm einfach als Bild. Du gehst weg und kommst mit Fleisch zurück."

Das tat sie, und augenblicklich entspannte sich der Wolf, legte sich hin und schlief zum ersten Mal seit vier Tagen wieder ein.

Ich wünschte, ich hätte das schon früher gewusst

Ich wünschte, ich hätte dieses Wissen über Tiere schon früher gehabt. Vor Jahren hatte ich eine Deutsche Dogge. Das war ein toller Hund. Er hatte eine Schulterhöhe von beinahe 1,10 m und fuhr gerne mit mir in meinem 1957er Thunderbird. Er sprang in den Wagen, überragte mich zunächst hoch erhobenen Hauptes und rollte sich dann im Innenraum zusammen und fuhr im Auto mit. Er blieb lieber den ganzen Tag im Auto, als ohne mich zu sein.

Wenn ich das Haus ohne ihn verließ, schleppte er meine ganze schmutzige Kleidung nach draußen in den Garten und buddelte Löcher. Der Garten war voller Löcher. Mein Vermieter war nicht sehr glücklich darüber. Und natürlich war ich auch nicht glücklich darüber, dass meine schmutzige Unterwäsche auf dem Rasen verteilt war. Ich glaube, den Nachbarn hat das auch nicht gefallen. Nachdem ich mit dem Wolf gearbeitet hatte, wurde mir klar, dass alles in Ordnung gewesen wäre, wenn ich wirklich mit meiner Dogge kommuniziert und ihr das Bild gegeben hätte, dass ich weggehen und wiederkommen würde.

Tiere wissen, was sie wollen

Du musst dir darüber im Klaren sein, dass deine Tiere ein größeres Bewusstsein haben als du. Sie wissen, was sie wollen, und sie teilen es dir mit, wenn du in der Lage bist, zu empfangen, was sie dir sagen. Vor Kurzem rief mich eine Frau an und sagte:

> „Ich habe den Eindruck, dass mein Kater nicht glücklich ist. Er versucht ständig, nach draußen zu gelangen."
>
> Ich sagte: „Nun, vielleicht will er nicht länger bei dir zu Hause sein."
>
> Sie sagte: „Nein, ich liebe ihn so sehr."
>
> Ich sagte: „Finde dich damit ab. Es geht nicht darum, ob er dich liebt oder nicht. Frag ihn, ob er ein neues Zuhause will."
>
> Das tat sie, und der Kater sagte: „Ja."
>
> Ich sagte: „Dann mach die Tür auf und lass ihn raus." Das tat sie.

Zwei Tage später stand eine andere Katze vor ihrer Tür. Es war, als würde die neue Katze sagen: „Also, es tut mir leid, aber wir tauschen jetzt unser Zuhause. Mein Zuhause gefällt mir nicht. Geh du da rüber. Die Dame dort ist nett. Sie wird dich gut behandeln, aber ich will dein Zuhause. Verschwinde hier." Sie spielten „Reise nach Jerusalem".

Möchtest du mein Pferd sein?

Vor allem Pferde wissen genau, was sie wollen. Ich hatte ein großes Vollblut, das ich sehr liebte. Ich war in Texas und fragte die Leute, die ich besuchte, ob sie Pferde zu verkaufen hätten. Sie sagten: „Ja, wir haben einen wirklich großartigen Quarter Horse-Falben, und da drüben ist noch ein wirklich dummes, graues Vollblut."

Ich sah mir beide Pferde an und sagte: „Ich nehme das dumme Pferd." Ich ritt das „dumme" Pferd. Es war ein großartiges Tier. Ich liebte es. Ich fragte es: „Möchtest du nach Kalifornien gehen?"

> Es sagte: „Ja."
>
> Ich fragte: „Willst du mein Pferd sein?" Es sagte: „Vielleicht."
>
> Ich fragte: „Willst du jemand anderem gehören?" Es sagte: „Vielleicht."
>
> Ich fragte: „Willst du einem Mädchen gehören?" „Vielleicht."
> Ich fragte: „Willst du einem Jungen gehören?" „Vielleicht."

Jede Antwort lautete „vielleicht". Ich nahm das Pferd mit nach Kalifornien. Das Reiten war fantastisch und jedes Mal sagte ich: „Ich glaube, du möchtest wirklich mein Pferd sein." Und dann tat es etwas Verrücktes und Außergewöhnliches und begann zu buckeln. Es hat mich nie abgeworfen, weil das nicht sein Stil war, aber es zeigte mir, dass es nicht mein Pferd sein wollte. Es war einfach nur geduldig und nett zu mir. Ich fragte immer wieder: „Welcher Typ Mensch soll dich besitzen?"

Eines Tages half Dain mir, den Stall auszumisten, und das Pferd näherte sich ihm immer wieder, drückte seinen Kopf gegen ihn und schubste ihn. Dain sagte: „Geh weg. Schubs mich nicht, während ich Pferdemist schaufle."

Wenn ich das Pferd eine Runde um den Reitplatz laufen ließ, galoppierte es herum und blieb genau dort stehen, wo Dain stand, und galoppierte um den Reitplatz und blieb dort stehen, wo Dain stand, und lief um den Reitplatz und blieb dort stehen, wo Dain stand. Ich schenkte dem keine Beachtung. Ich bin nicht sehr helle.

Eines Tages fragte ich das Pferd: „Was muss ich tun, um ein neues Zuhause für dich zu finden? Für wie viel muss ich dich verkaufen? Fünfzig Dollar? Hundert Dollar?" Als ich bei 12.000 Dollar angelangt war, sagte es: „Nun, vielleicht." Und als ich bei 15.000 Dollar angelangt war, sagte es: „Ja, auf jeden Fall."

Ich sagte: „Wenn ich für dich 15.000 Dollar bekommen soll, dann musst du über Hindernisse fliegen können."

Es antwortete: „Ist das ein Problem?"

Ich hatte noch nie versucht, mit ihm zu springen. Also stellte ich ein Hindernis auf dem Reitplatz auf. Es konnte aus dem Stand über ein 1,20 Meter hohes Hindernis springen. Ich sagte: „Sieh an!"

Ich ließ es als Springpferd ausbilden und nahm es dann mit zu einem Reitturnier, wo ich einige Leute kennenlernte, die es gerne haben wollten. Sie nahmen es mit nach Hause. Und nur so zum Spaß nahmen sie mit ihm an einem Turnier teil, und es gewann in seiner Klasse. Sie erklärten sich bereit, es für 10.000 Dollar zu kaufen.

Als sie es dann zu Hause hatten, beschlossen sie, ernsthaft mit ihm zu arbeiten, und plötzlich fing es an, sich danebenzubenehmen. Sie wollten es über Hindernisse springen lassen, aber es wollte nicht mitarbeiten. Als sie sagten, dass sie nur zum Spaß am Turnier teilnehmen würden, um zu sehen, was es kann, gewann es seine Klasse, aber es ist kein Pferd, das gerne arbeitet. Es spielt unheimlich gerne. Sein Name ist übrigens Playboy, und es hat ihn selbst gewählt.

Schließlich brachten sie mir Playboy zurück und sagten: „Wir kaufen ihn nicht, da er nicht richtig über die Hindernisse springt und nicht das tut, was wir von ihm wollen."

Ich meinte: „In Ordnung."

Ich brachte ihn zurück in den Stall, und als ich ihn auf dem Reitplatz laufen ließ, blieb er immer wieder vor Dain stehen, aber ich schenkte dem keine Beachtung.

Als Dain und ich eines Tages für einen Ausritt aufs Land fuhren, fragte Dain: „Kann ich bitte Playboy reiten?"

Ich sagte: „Nein, er wird mit dir durchgehen."

Dann fiel mir ein, dass Dain in Australien ein Pferd geritten hatte, das durchgegangenen war, und jedes Mal, wenn das geschah, lachte er sich schlapp. Er fand das lustig! Aber Playboy war ein reinrassiges, ehemaliges Rennpferd. Ich hatte Bedenken, wie das wohl verlaufen würde.

Ich fragte mich: „Was ist das Schlimmste, das passieren kann?" Dain könnte herunterfallen.

Ich dachte: „Das kann ich ziemlich gut in Ordnung bringen, es sei denn, er bricht sich etwas, und wenn das passiert, kann ich ihn ins Krankenhaus bringen."

Also sagte ich: „Okay, gut. Du kannst ihn reiten."

Dain schaute Playboy an. Playboy schaute Dain an, und als Dain aufstieg, war es, als würde Playboy „Ahh" sagen. Es war klar, dass dies eine ideale Verbindung war. Sie sagten: „Mein Pferd." - „Mein Mann."

Playboy ist ein Pferd, das mit jedem durchgehen würde. Dain schwang sich auf ihn und ließ die Zügel baumeln, woraufhin Playboy in einen leichten Galopp verfiel. Normalerweise ist dieser leichte Galopp, der Kanter, der Auftakt zu einem schnellen Galopp, der zur Maximalgeschwindigkeit überleitet, und wenn man bei Playboy die Zügel nicht kurz hält, geht er in einen gestreckten Galopp über.

Nun, Dain ließ die Zügel baumeln, und Playboy lief einfach weiter – blupittiblupittiblupittiblup. Bei mir hat er nie „blupittiblup" gemacht, selbst dann nicht, wenn ich ihn fest im Griff hatte!

Ich sagte: „Okay, ich hab's verstanden." Ich beobachtete die ganze Zeit, wie Dain ihn ritt, und Playboy tat alles, was Dain wollte, und zwar sofort. Die beiden waren vollkommen eins und ich wusste: „Hier gehört Playboy hin." Tiere wissen, was sie wollen. Und sie wissen, wie sie bekommen, was sie wollen.

Vor Kurzem gingen Dain und ich in den Stall und machten eine Springstunde mit Playboy. Playboy setzte immer wieder zum Sprung an und verweigerte ihn dann, und ich versuchte immer wieder, ihn dazu zu zwingen, was immer eine schlechte Idee ist. Versuche niemals, ein Tier zu etwas zu zwingen.

Schließlich waren wir schlau genug, ihn zu fragen: „Playboy, was ist hier los?" Er bewegte seinen Kopf auf und ab und sah irgendwie irre aus, was er vorher noch nie getan hatte. Uns wurde klar, dass Dain zu hart an Playboys Maul gearbeitet hat. Er hatte ihn dominiert, und Playboy wollte, dass er lernt, subtiler zu sein. Als Dain das begriffen hatte und sein Gewicht und etwas Fingerspitzengefühl und nicht zu viel Druck einsetzte, tat Playboy plötzlich alles, was er wollte, und zwar auf eine wunderbare Weise.

Dain trieb Playboy auf den Zaun zu, und Playboy stellte die Ohren auf und war bereit, über den Zaun zu springen. Ich sagte: „Lass ihn nicht drüber springen. Du bist noch nicht bereit dafür!" Aber Dain wollte lernen, ein besserer Reiter zu sein, und Playboy wollte ihm beibringen, ein besserer Reiter zu sein, also sprangen sie darüber.

Es war sehr interessant, die Veränderung während der Reitstunde zu beobachten. Bevor wir auf Playboy hörten, war er nicht bei Dain, er war nicht zugänglich, und er machte nichts richtig. Bei wem lag das Problem? Nicht beim Pferd. Das Problem liegt nie bei deinem Tier. Sondern bei dir. Du bist der Idiot. Tiere wissen mehr als du, und sie wissen, wie sie dich dazu bringen können, das zu tun, was du kannst - wenn du bereit bist, zuzuhören und die Informationen zu empfangen, die sie dir geben.

Dain sagte, es sei für ihn unglaublich gewesen, als er verstand, was vor sich ging, denn Playboy verbockt nie etwas. Ihm wurde klar, dass Playboy nur dann nicht tut, worum er ihn bittet, wenn er selbst nicht bei der Sache ist. Er sagte: „Playboy teilt mir alles mit. Er sagt: ‚Das musst du tun, damit ich tue, was du willst.' Er hat kein einziges Mal gesagt: ‚Heute bin ich mal nur aus Spaß ein Idiot.' Playboy verhält sich immer nur dann wie ein Idiot, wenn ich ein Idiot bin."

Ich mag meinen Namen nicht

Es ist sehr interessant zu beobachten, wie sich Tiere „danebenbenehmen", wenn wir nicht auf das hören, was sie uns sagen. Vor Kurzem habe ich einen Kurs für Hunde gegeben, an dem fünf Menschen und 17 Hunde teilnahmen. Einer der Hunde war ein süßer kleiner Border Collie namens Igor. Igor bellte und benahm sich daneben, und ich meinte: „Schauen wir mal, ob wir ihm helfen können."

Ich fragte: „Was ist dein Problem, Igor?"

Igor sagte: „Ich mag meinen Namen nicht."

Ich fragte: „Okay, wie willst du dann heißen?"

Er sagte: „Skippy."

Wir sagten der Dame, die sich um Igor kümmerte, sie solle seinen Namen in Skippy ändern, wenn sie wolle, dass er sich gut benehme. Das tat sie und er benahm sich ein paar Tage lang sehr gut, aber dann beschloss die Hundebesitzerin: „Ich kann seinen Namen unmöglich ändern. Für mich wird er immer Igor sein."

Igor fing wieder an, sich schlecht zu benehmen, und die Besitzerin beschloss, ihn wegzugeben. Als Igors neue Besitzer ihn sahen, sagten sie: „Oh, er ist so süß. Können wir ihn Skippy nennen?" Glaub nicht, dass Tiere uns nicht wissen lassen, was sie wollen! Sie sagen es uns immer – wenn wir ihnen zuhören.

Wenn du ein Pferd oder ein anderes Tier hast, das sich schlecht benimmt oder nicht das tut, was es soll, wenn es bockt und sich sträubt oder alle möglichen unangenehmen und lästigen Dinge tut, will es möglicherweise nicht den Namen, den du ihm gegeben hast. Du musst herausfinden, wie dein Tier wirklich genannt werden möchte.

Kapitel zwei

ALLES MÖCHTE DICH BESCHENKEN

Jedes Tier, jede Pflanze, jede Struktur auf diesem Planeten hat ein Bewusstsein und möchte dich beschenken. Wenn du nicht bereit bist, das zu empfangen, entgeht dir das Geschenk und du schränkst auch deine Fähigkeit ein, in jedem anderen Bereich deines Lebens zu empfangen. Du schränkst dein Bewusstsein ein, du schränkst die Menge an Geld ein, die du haben kannst, du schränkst ein, was du erleben kannst, und du schränkst ein, was für dich möglich ist.

Wir lieben es, mit unserer Arbeit Menschen dahin zu bringen, dass sie alles empfangen können, was es gibt. Ich kannte einmal eine Frau, deren ganzes Haus weiß war. Es war spektakulär in seiner weißen Erscheinung. Sie hatte nur weiße Blumen in ihrem Haus und in ihrem Garten. Um ihr Haus herum wuchsen weiße Fleißige Lieschen, und manchmal hatten sie einen leichten rosa Rand, weil sie nun mal so wachsen. Diese ließ sie von ihrem Gärtner ausreißen, wenn sie auch nur den kleinsten Hauch von Rosa aufwiesen. Sie sagte: „Ich mag keine farbigen Blumen. Ich mag nur weiße." Hat sie die Fähigkeit zu empfangen? Nun ja, solange es weiß ist.

Es ist in Ordnung, dass sie nur weiße Blumen möchte, aber die Aussage „Ich mag keine farbigen Blumen" ist ein Problem. Wenn du ein solches Urteil fällst, schließt du das aus, was du empfangen könntest. Das ist so, als würdest du sagen: „Ich mag nur Vollblüter." Das bedeutet, dass du nur das empfangen kannst, was ein Vollblüter dir geben kann. Du wirst nichts empfangen, was ein anderes Pferd dir schenken kann. Ist das eine Einschränkung? Ja, allerdings. Wenn du sagst: „Ich mag nur Chihuahuas" oder „Ich mag nur Corgis", schränkst du damit ein, was du empfangen kannst? Ja. Wenn du Hunde, Katzen und Pferde magst, dann bist du bereit, sehr viel mehr zu empfangen.

Tiere verfügen über eine enorme Menge an Informationen. Sie können uns fantastische Geschenke machen, wenn wir bereit sind, sie zu empfangen. Je mehr wir bereit sind, die Energie und die Informationen zu empfangen, die sie uns geben, desto mehr werden wir in der Lage sein, alles im Universum zu empfangen.

Vor allem Pferde geben uns gerne Energie. Sie wollen sich um uns kümmern. Es gehört zu ihren Aufgaben, unsere Körper zu nähren und uns mit Energie zu versorgen. Wenn wir ihre Energie nicht empfangen, wird ihnen ihr Wert abgesprochen. Sie fühlen sich dann nutzlos. Sie werden nervös und unruhig. Sie verstehen nicht, was mit ihnen nicht stimmt, dass sie nicht in der Lage sind, uns Energie zu geben. Genau das passiert mit Mietpferden. Sie werden apathisch und drehen durch, weil es niemanden gibt, der das Geschenk, das sie sind, annimmt. Ist dir schon einmal aufgefallen, dass du dich nach einem Ritt manchmal richtig entspannt, freudig und glücklich fühlst? Warum ist das so? Weil du bereit warst, von dem Pferd zu empfangen.

Alles auf dieser Erde hat Bewusstsein. Alles. Wenn du anfängst, mit dem Bewusstsein aller Dinge zu interagieren, werden sie dir sagen, was sie wollen und wie du mit ihnen umgehen sollst. Das gilt besonders für Tiere. Wenn du das Bewusstsein der Tiere anerkennst, werden sie anfangen, sich dir gegenüber anders zu verhalten als gegenüber anderen Menschen. Tiere können uns helfen zu lernen, wie wir mit der Erde umgehen sollen. Sie können uns beibringen, wie wir Verwalter unseres Planeten sein können, anstatt ihn zu zerstören. Darin liegt der Wert der Fähigkeit, mit ihnen zu sprechen.

Kapitel drei

Entfernen von Entitäten

Was sind Entitäten?

Ich hatte schon seit geraumer Zeit Access-Prozesse an Menschen praktiziert, als mich eines Tages jemand fragte: „Kann man diese Prozesse auch bei Tieren anwenden?"

Ich meinte: „Natürlich."

Kam das wirklich aus meinem Mund? Ich konnte nicht glauben, dass ich das gesagt hatte. Derjenige fragte: „Prima, kannst du bitte einen Tierkurs anbieten?" Also haben wir einen Kurs über Tiere gemacht. Ich begann, bei Tieren dieselben Techniken wie bei Menschen anzuwenden und stellte fest, dass sie wunderbar funktionierten.

Schon ganz zu Anfang habe ich entdeckt, dass das Entfernen von Entitäten bei Tieren genauso gut geht wie bei Menschen. Eine

Entität ist ein geistiges Wesen, das einen Körper bewohnt, der einem anderen Geistwesen gehört. Entitäten stecken in einer vergangenen Zeit fest. Sie stecken in einer vergangenen Aufgabe oder einer vergangenen Identität fest und erschaffen sich immer wieder als der- oder dasjenige, der oder das sie einmal waren. Sie sind nicht frei, das zu sein, was sie wirklich sind, und weiterzugehen und zu tun, was auch immer sie tun oder erschaffen wollen. Um eine Entität freizugeben, kann man sie fragen: *Wer bist du?* und dann mehrmals: *Wer warst du davor? Wer warst du davor? Wer warst du davor?* und schließlich: *Wer wirst du in Zukunft sein?*

Durch die erste Frage *Wer bist du?* wird die Entität sich gewahr, wer sie jetzt ist. Die zweite Frage *Wer warst du vorher?* bringt sie dazu zu erkennen, dass sie frühere Identitäten hatte. Sie löst sie von der Identität, die sie zu sein glaubt. Wenn du dann fragst: *Wer wirst du in Zukunft sein?*, erkennt sie, dass sie ein Geist ist und wählen kann, zu tun oder zu sein, was sie will. An diesem Punkt wird sie den Körper, den sie bewohnt hat, sofort verlassen.

Bisweilen geht eine Entität nicht aus eigenem Antrieb. Sie steckt in einer Ansicht oder einer Aufgabe fest, von der sie glaubt, sie müsse sie erledigen. Oftmals waren diese Entitäten die Eltern oder Großeltern eines Kindes, für das sie sorgten. Als die Eltern oder Großeltern starben, hängten sie sich an ihr Kind, um ihre Aufgabe weiter wahrzunehmen. Das Kind hat dann ständig sonderbare Gefühle, weil der Opa mit ihm spricht und ihm sagt, was es tun soll. Du kannst diese Entitäten freigeben, indem du fragst: *Was ist deine Aufgabe? Was war deine Aufgabe davor? Was war deine Aufgabe davor?* Dann werden sie erkennen, dass sie geistige Wesen sind und die Wahl haben, sich einen anderen Körper zu suchen oder irgendetwas anderes zu wählen.

Wie entfernt man Entitäten aus Tieren?

Um Entitäten aus Tieren zu entfernen, musst du zuerst fragen: *Gibt es hier eine Entität?* Wenn ja, bekommst du nicht unbedingt eine verbale Antwort, aber die Entität wird sich zu erkennen geben. Normalerweise spürst du eine Veränderung in der Energie des Tieres. Jeder von uns nimmt dies auf eine andere Weise wahr. Gehe nicht davon aus, wenn ich sage, dass du etwas fühlen wirst, dass es sich immer gleich anfühlt. Lass einfach deinen logischen Verstand los und sei gewahr, und du wirst die Informationen erhalten, die du brauchst.

Wenn du festgestellt hast, dass es eine Entität gibt, stelle ihr eine Reihe von Fragen: *Was ist der Wert, an diesem Körper festzuhalten? Wer hat dir diesen Körper gegeben? Wer warst du, bevor du diesen Körper übernommen hast? Wer warst du davor? Wer warst du davor? Wer warst du davor? Wer wirst du in Zukunft sein?* Und sie wird gehen.

Manchmal wird der Körper eines Tieres von einer Entität bewohnt, die vorher im Körper einer anderen Tierart war. Wir haben mit einer Frau gearbeitet, deren Pferd eine Schimpansen-Entität in sich trug, sodass es immer versuchte, Purzelbäume zu schlagen. Das hat nicht wirklich funktioniert. Diese Dame hatte auch ein Pferd mit einer Hirsch-Entität. Oft besetzen Hirsche den Körper von Pferden. Du brauchst die Entität nur zu fragen, welches Tier sie ist, und schon zeigt sie dir ein Bild. Du erwartest vielleicht ein Wort, aber sie wird dir ein Bild dessen geben, was sie ist. Du musst dir klarmachen, dass Tiere über Bilder und nicht durch Worte kommunizieren. Wenn du eine Frage stellst, werden sie dir mit einem Bild antworten. Trägt das Tier eine Entität in sich und diese wird entfernt, so wird die ursprüngliche Entität zum alleinigen Bewohner des Körpers. Es ist schwierig für ein Tier, seinen Körper mit Leichtigkeit zu bewohnen, wenn es sich nicht sicher ist, in welcher Art von Körper es sich befindet! Das Klären von Entitäten kann immense Auswirkungen auf das Verhalten der Tiere und auf die physische Struktur ihrer Körper haben. Diese Veränderungen stellen sich in den meisten Fällen sehr schnell ein. Das Klären von Entitäten schafft eine große Erleichterung, sowohl für die Entität als auch für die Person oder das Tier, deren oder dessen Körper sie bewohnt hat.

Vor allem Katzen nehmen Entitäten in ihre Körper auf, um uns zu schützen. Dies mag einer der Gründe dafür gewesen sein, dass Katzen früher als Medium für Hexen bekannt waren. Sie schützten die Menschen, indem sie die Entitäten, die in ihr Haus kamen, in sich aufnahmen. Hast du schon einmal eine Katze gesehen, die etwas anfaucht, das für dich nicht sichtbar ist? Sie sieht Entitäten und reagiert auf sie. Wenn sie das zu oft tut, kann das ihr Immunsystem beeinträchtigen, deshalb ist es gut, wenn du in der Lage bist, die Entitäten für sie zu klären.

Das hässlichste Pferd, das ich je gesehen habe

Ich habe eine Freundin in Texas, die peruanische Pferde züchtet, und als wir eines Tages ausritten, führte sie uns ans äußerste Ende des Grundstücks, wo all die hässlichen Pferde lebten. Alles auf ihrer Ranch sah wunderschön aus, bis auf diese hintere Weide. Ich sah mir ein Pferd an und sagte: „Das ist das hässlichste Pferd, das ich je gesehen habe. Was ist mit diesem Pferd los?" Sein Hals machte keinen schönen Bogen nach oben, sondern ging u-förmig nach unten. Seine Vorderbeine bildeten ein V, und es hatte überhaupt keine Brust. Das ist nicht normal für ein Pferd. Es war die grässlichste Kreatur, die mir jemals begegnet war. Es sah überhaupt nicht wie ein peruanisches oder überhaupt wie ein Pferd aus.

Ich fragte das Pferd: „Hast du eine Entität einer anderen Spezies in deinem Körper?" Es hatte ein Gnu in sich. Offenbar war ein Gnu im Zoo gestorben und hatte sich auf die Suche nach einem Körper gemacht und den dieses Pferdes genommen. Wir entfernten das Gnu und schickten es nach Afrika, um einen anderen Gnukörper zu finden. Als ich das Pferd ein Jahr später wiedersah, erkannte ich es kaum wieder. Es war das herrlichste Tier, das mir je untergekommen war. Sein Hals hatte sich völlig verändert, seine Beine waren gerade, es hatte eine Brust, und seine Mähne und sein Schweif waren lang und schön geworden. Es ist unglaublich, wenn man solche Veränderungen herbeiführen kann.

Ich werde oft gefragt, in welchem Zustand sich ein Pferd befinden muss, damit ein Gnu seinen Körper übernehmen kann. Im Allgemeinen übernehmen Entitäten nur im Fall von traumatischen Ereignissen den Körper eines anderen Tieres, zum Beispiel bei Operationen oder Bewusstlosigkeit. In diesem Fall geschah es während der Geburt des Pferdes, was ein geradezu traumatisches Ereignis ist. Das Gnu hatte den Körper des Fohlens übernommen. Die Entität des Fohlens war immer noch da, aber die Gnu-Entität ebenfalls.

Wärst du gerne wieder eine Dogge?

Eine Dame rief mich aus New York an. Sie sagte: „Ich habe eine Katze, und wenn sie trinkt, verspritzt sie überall Wasser, und wenn sie auf den Tisch springen will, fällt sie auf den Rücken. Sie kann nirgendwo raufspringen, sie ist irgendwie spastisch." Eine spastische Katze, die nicht auf ihren Füßen landet. Das klang wirklich interessant. Ich fragte: „Haben wir hier eine Entität?", und ich bekam ein deutliches Ja.

Ich fragte die Katze: „Was bist du?" und bekam das Bild einer Deutschen Dogge.

Ich sagte: „Okay, eine Deutsche Dogge in einem Katzenkörper. Das muss ja lustig sein. Wärst du gerne wieder eine Dogge?"

Sie sagte: „Ja, bitte!"

Ich sagte: „Alles klar. Irgendwo hier in New York wird gerade eine Deutsche Dogge geboren. Nimmst du diesen Körper? Welchen Wert hat es, an diesem Körper festzuhalten?" Wir unterhielten uns, und das Tier verschwand. Am nächsten Tag rief mich die Frau an und sagte: „Ich kann es nicht glauben. Da ist so eine Veränderung. Und ich dachte, du seist ein kompletter Spinner."

Dies ist übrigens der Satz, den ich am häufigsten bei dieser Arbeit höre. „Ich dachte, du seist ein kompletter Spinner, bis ..." Wenn du denkst, ich sei ein Spinner, und dann merkst, dass ich keiner bin, musst du mir einen Dollar zahlen.

Das Verhalten der Katze änderte sich augenblicklich. Am nächsten Tag sprang sie auf einen zwei Meter hohen Schrank, trank behutsam aus ihrem Napf und fiel nicht mehr von den Möbeln. So kann es gehen.

Wenn du bereit bist, diese Informationen wahrzunehmen und diese Techniken anzuwenden, kannst du den Tieren – und ihren Besitzern – das Leben ungemein erleichtern.

Vielleicht entdeckst du, dass es eine menschliche Entität ist

Vielleicht entdeckst du, dass es eine menschliche Entität ist. Menschliche Entitäten schlüpfen in tierische Körper, aber tierische Entitäten gehen nicht in menschliche Körper. Tiere sind nicht so dumm, dass sie unsere Körper übernehmen wollen. Aus welchem Grund sollten sie ein Mensch sein wollen? Tiere wollen nicht zur

Arbeit gehen! Dafür haben sie ja dich. Du gehst für sie arbeiten und verdienst ihren Lebensunterhalt.

In einer Wildtierauffangstation, in der wir gearbeitet haben, gab es eine Pumadame, die sich nicht in das Rudel eingliedern wollte. Selbst wenn sie läufig war, wollte sie nichts mit den anderen Pumas zu tun haben. Wir fanden heraus, dass es einmal einen Menschen gab, der ein Bild von einem Puma gesehen hatte und meinte: „Oh! In meinem nächsten Leben möchte ich ein Puma sein."

Hat schon einmal jemand zu dir gesagt: „In meinem nächsten Leben möchte ich eines deiner Tiere sein?" Weißt du was? Genau das wird passieren! Geh keine derartigen Verpflichtungen ein. Sag so etwas nicht, denn genau dort wirst du enden. Wir entfernten den Menschen aus dem Körper der Pumadame, und eine Woche später konnte sie zum Rest des Rudels gebracht werden, und es ging ihr gut.

Ein Pferd mit einer menschlichen Entität

In meinem ersten Tierkurs gab es ein riesiges Pferd mit einem Stockmaß von 1,70 m und einem Rumpf, der wie ein Dach aussah. Es war sehr unkoordiniert und ungelenk; es trat Menschen auf die Füße und stolperte die ganze Zeit.

Dieses Pferd hatte eine menschliche Entität in sich. Die menschliche Entität hatte beschlossen, in ihrem nächsten Leben ein frei lebendes Pferd sein zu wollen, und war deshalb in einem Pferdekörper zurückgekehrt. Aber anstatt frei leben zu können, wurde das Pferd auf die Rennbahn geschickt. Die Entität war stinksauer. Sie wollte kein Pferd sein, das auf einer Rennbahn läuft; sie wollte ein Pferd sein, das frei herumläuft. Sie wollte aus dem Körper des Pferdes heraus, also versuchte sie, das Pferd zu töten, damit sie frei sein konnte.

Innerhalb von 15 Minuten, nachdem wir diese Entität entfernt hatten, veränderte sich die Form des Pferderumpfes völlig. Ich saß da, beobachtete das Geschehen und dachte: „Ich habe wohl Halluzinationen."

Ich fragte ganz ruhig und gelassen: „Hat jemand eine Veränderung am Rumpf dieses Pferdes bemerkt?"

Alle meinten: „Ja, er ist nicht mehr wie ein Dach geformt, sondern rund."

Ich sagte: „Uff! Ich bin doch nicht so verrückt, wie ich dachte!"

Normalerweise ist ein Pferd im Alter von sechs Jahren ausgewachsen. Dieses Pferd war neun. In den drei Monaten, nachdem wir mit ihm gearbeitet hatten, wuchs es um zwei Zentimeter. Es kommt nicht oft vor, dass ein neunjähriges Pferd zwei Zentimeter wächst, aber bei diesem Pferd war es so. Das war ganz außergewöhnlich - und machte uns klar, wie viel wir tun können, um Tieren ein leichteres Leben zu ermöglichen.

Ein Hund, der seinen Besitzer anbellt und anknurrt

In einem unserer Tierworkshops arbeiteten wir mit einem Hund, der plötzlich anfing, seinen Besitzer anzubellen und anzuknurren. Jedes Mal, wenn der Besitzer von seinem Stuhl aufstand, eine Tür öffnete oder irgendein Geräusch machte, bellte und knurrte der Hund ihn an. Der Besitzer wurde ärgerlich und wütend auf den Hund.

Ich fragte den Hund, warum er seinen Besitzer anknurrte, und wir erfuhren, dass der Besitzer eine Entität übernommen hatte. Normalerweise dringen Entitäten in unseren Körper ein, wenn wir bis zu einem gewissen Grad unbewusst sind. Jede Art von

Unbewusstheit, auch die Einnahme von Drogen und Alkohol oder eine Narkose, ermöglicht es Entitäten, sich an unseren Körper zu heften. Übrigens besteht einer der Gründe, warum es den Menschen so schwerfällt, mit dem Trinken aufzuhören, darin, dass die Entitäten in ihrem Körper wollen, dass sie trinken. Die Entitäten schreien sie an: „Du brauchst einen Drink! Du brauchst einen Drink!" Das „Du" ist ein Hinweis. Wenn du „du" in deinem Kopf hörst, ist es eine Entität, die zu dir spricht. Du würdest dich selbst nicht mit „du" ansprechen. Du würdest die Ich-Form verwenden.

Wir verbanden uns energetisch mit dem Besitzer des Hundes und fragten nach der Entität, die in ihm oder auf oder an seinem Körper war und dieses Verhalten bei seinem Hund auslöste. Wir fanden die Entität und fragten sie: *Entität, wer bist du? Wer warst du davor? Wer warst du davor? Wer warst du davor? Wer warst du davor? Wer wirst du in Zukunft sein?* Und weg war sie.

Wenn ein Tier sein Verhalten ändert, ist es immer anzuraten, nach einer Entität zu suchen, die in den Körper des Tierhalters eingedrungen ist.

Der Wert davon, mit allem zu kommunizieren

Wenn du lernst, diese Prozesse einzusetzen und sie bei Tieren anzuwenden, trittst du mit jedem Aspekt des Lebens in Kommunikation. Das erhöht deine Verbundenheit mit allem in deinem Leben. Verbundenheit ist das Gewahrsein aller Dinge. Es ist die Bereitschaft, alles ohne Bewertung zu empfangen. Wenn du mit allen Dingen in Verbundenheit bist, wird alles in deinem Leben einfacher. Völlige Verbundenheit tritt ein, wenn du dich in tiefen Wäldern aufhältst, wo du Zugang hast zu Heilung, Fürsorge, Nährendem, Ausdehnung, Freude, Kreativität und einem orgastischen Lebensgefühl ohne jegliche Bewertung. Der tiefe Wald umarmt dich und erlaubt dir, das zu sein, was du in diesem

Moment sein möchtest. Im tiefen Wald gibt es keine Bewertung. In der menschlichen Welt hingegen schon.

Vor Kurzem hat sich etwas ereignet, das veranschaulicht, was passieren kann, wenn man mit allem in Verbundenheit ist. Dain war joggen und fragte sich währenddessen immer wieder: „Was würde wohl passieren, wenn ich unterwegs auf eine Klapperschlange treffen würde?" Als er gerade über einen Bach setzte, sah er am anderen Ufer eine Klapperschlange, wendete mitten im Sprung und landete auf derselben Seite des Baches, von der er gekommen war. Warum hatte er an eine Klapperschlange gedacht, während er lief? Weil die Schlange versuchte, ihm zu sagen, dass sie da war. Sei in Verbundenheit mit allem und du wirst wissen, wohin du gehen sollst – und wohin nicht.

Kapitel vier

TIERE KÖNNEN IN IHREN ENTSCHEIDUNGEN STECKEN BLEIBEN

Tiere und Menschen können in ihren Entscheidungen feststecken. Wir alle tun das. Etwas Unangenehmes oder Schmerzhaftes passiert, und wir treffen als Reaktion darauf eine Entscheidung. Die Entscheidung verfestigt sich dann oder besteht fort, auch wenn sie nicht mehr zu dem passt, was in der Gegenwart vor sich geht. Wenn sich die Beschwerde oder die Verletzung eines Tieres nicht sofort bessert, kann es sein, dass das Tier eine Entscheidung getroffen hat, die es in dieser Beschwerde festhält. Auch Emotionen, Gefühle und Gedanken, die in schmerzhaften oder erschütternden Momenten entstehen, können durch Entscheidungen festgehalten werden.

Punkt der Kreation und Punkt der Zerstörung

Jeder Umstand und jede Situation, die wir verändern wollen, wurde irgendwo in der Zeit, im Raum, in den Dimensionen und in den Realitäten erschaffen. Wir nennen dies den Punkt der Kreation (POC, engl. Point of Creation). Bei Menschen ist damit oft eine Entscheidung oder eine Bewertung verbunden. Wie und warum dieser Umstand erschaffen wurde, spielt keine Rolle, ebenso wenig wie sein Hintergrund. Wir müssen nur wissen, dass er erschaffen wurde.

> Eines Tages erzählte mir mein Sohn, er sei krank.
>
> Ich fragte: „Was macht dich denn krank, mein Sohn?"
>
> Er antwortete: „Nun, _____ macht mich krank."
>
> Ich fragte: „Okay, was macht dich noch krank?"
>
> Er antwortete: „_____ macht mich krank."
>
> Ich fragte: „Und was macht dich noch krank?"
>
> Er antwortete: „_____ macht mich krank."
>
> Dann sagte ich: „Okay, zerstörst du alle deine Entscheidungen und Bewertungen über das Kranksein?" (Diese entsprechen dem Punkt der Kreation.)
>
> Er meinte: „Natürlich."

Am nächsten Tag war er wieder gesund.

Der Punkt der Zerstörung (POD, engl. Point of Destruction) ist der Punkt, an dem wir unsere Seinsweise mit einer Entscheidung zerstören, die auf einer begrenzten Sichtweise beruht. Wir machen buchstäblich unsere Seinsweise mit einer Entscheidung zunichte und begeben uns in ein zerstörerisches Universum. Ein Beispiel dafür stammt von einer Frau, mit der ich vor Kurzem gearbeitet habe. Diese Frau hatte die Entscheidung getroffen, ihre Familie bedeute ihr alles. Zu der Zeit, als ich mit ihr arbeitete, lag die Mutter der Frau im Sterben, was für sie das Ende ihrer Familie bedeutete. Sie bekam dann genau die gleiche Krankheit wie ihre Mutter. Ihre Entscheidung über die Familie war ein Punkt der Zerstörung.

Genau wie der Punkt der Kreation beinhaltet auch der Punkt der Zerstörung energetisch die Gedanken, Gefühle und Emotionen, die der Entscheidung vorausgehen. Wann immer wir etwas von einem positiven oder negativen Standpunkt aus kreieren oder entscheiden, dass etwas gut oder schlecht, richtig oder falsch, perfekt oder schrecklich ist, entsteht eine Polarität. Wir neigen dazu, die positive Polarität als gut zu betrachten, aber sie kann genauso einschränkend sein wie - wenn nicht sogar noch einschränkender als - eine negative Polarität. Wenn du zum Beispiel entscheidest, dass du die perfekte Beziehung hast, und du bist mit jemandem zusammen, der nicht nett oder fürsorglich zu dir ist, lässt du dich am Ende von ihm zerstören, weil du die Entscheidung getroffen hast, deine Beziehung sei perfekt. Du steckst in deiner Entscheidung fest, dass sie perfekt ist, und bist nicht bereit zu sehen, wo sie nicht perfekt ist.

Auslöschung von Entscheidungen, Emotionen, Gedanken und Gefühlen

Um eine Entscheidung zu löschen, bitten wir die Energie, zu dem Punkt zu gehen, an dem die Entscheidung, die Emotion, das Gefühl oder der Gedanke entstanden ist, die dieser Entscheidung vorausgingen. Indem wir die Polarität umdrehen oder umkehren, heben wir das Positive und das Negative auf, und die Entscheidung hört auf zu existieren. Dies geschieht mit Hilfe eines sogenannten Löschungssatzes, dem Clearing Statement, das es ermöglicht, Hunderte von Punkten der Kreation oder der Zerstörung auf einmal zu klären: ***Right and wrong, good and bad, POD and POC,***

all 9, shorts, boys, POVADs and beyonds. (Weitere Informationen zum Clearing Statement findest du im Glossar.)

Zurück zum Punkt der Kreation des Traumas

Sich an den Punkt der Kreation zu begeben, ist sehr effektiv, um die Nachwirkungen eines Traumas zu beseitigen. Wenn wir zum Punkt der Kreation des Traumas gehen, wird die Polarität, die die Beschwerde oder den Zustand aufrechterhält, aufgehoben. Wenn ein Tier traumatisiert wurde, fragt man nach den Gefühlen, die mit dem Trauma verbunden sind. Dann geht man zum POC und POD der Gefühle, die dem Trauma, der Misshandlung, dem Gefangenwerden, der Operation, den Narkotika, den Medikamenten oder was auch immer vorausgingen. Wenn man das tut, hört das Gefühl auf zu existieren und das Trauma, das im Körper eingeschlossen war, beginnt sich beim Tier aufzulösen. Wenn man nach dem Punkt der Kreation von etwas fragt, wird impliziert (und das Universum versteht), dass dies die Gedanken, Gefühle und Emotionen einschließt, die der Entscheidung, zu sein, zu tun, zu haben, zu kreieren oder zu generieren, unmittelbar vorausgingen, egal, in welchem Zustand wir uns gerade befinden.

Es ist hilfreich, sich daran zu erinnern, dass Tiere klüger sind als Menschen und ein größeres Interesse daran haben, ihre Probleme loszulassen und einfach sie selbst zu sein. Wenn man mit Tieren arbeitet, muss man meistens nur nach dem Zeitpunkt fragen, an dem das Gefühl entstanden ist, das der Kreation dessen, woran auch immer man arbeitet, unmittelbar vorausging. Im Gegensatz zu den Menschen scheinen die meisten Tiere auf Grundlage von Gefühlen anstelle von Gedanken oder Emotionen zu handeln.

Auf Distanz arbeiten

Ich war im Haus eines Freundes in Australien, der an einem See mit Schwänen lebte. Die Schwäne hatten Nachwuchs und brachten ihre Küken in den Garten des Nachbarn. Der Nachbar wollte nicht, dass die Schwäne auf seinen Rasen machen, und so schlug er einem der Schwanenküken mit einer Schaufel auf den Hals und brach ihm das Genick. Der Hals des Schwanenkükens war schlaff und es konnte seinen Kopf nicht mehr hochhalten. Ich versuchte, mich dem Kleinen zu nähern, um es zu behandeln, aber die Eltern gingen auf mich los. Es war klar, dass ich das Schwanenküken auf Distanz behandeln musste.

Ich bat den Schwan, zu dem Punkt zu gehen, an dem die Gedanken, Gefühle und Emotionen, die dem Trauma unmittelbar vorausgingen, entstanden. Als ich begann, an ihm zu arbeiten, verblasste das Schillern seines Gefieders, und ich konnte sehen, wie die Energie ein- und ausströmte, während er im Begriff war zu sterben. Plötzlich änderte sich die Energie und der Hals richtete sich auf. Als wir den Schwan am nächsten Tag sahen, bewegte er sich genauso wie die anderen Schwanenküken. Zwei Tage später konnten wir nicht mehr sagen, welches der Küken verletzt gewesen war.

Es spielt keine Rolle, wessen Gedanken, Gefühle und Emotionen es sind, ob es die des Tieres sind oder ob sie von der Person stammen, die ihnen das Trauma zufügt. Man geht einfach zu den Gedanken, Gefühlen und Emotionen, die kurz vor dem Trauma da waren. Die meisten Tiere lassen zu, dass man mit ihnen arbeitet, aber manche wollen nicht berührt werden. Wenn sie starke Schmerzen haben und vor allem, wenn es sich um Tiere handelt, die treten, beißen oder kratzen können, solltest du den Prozess auf Distanz durchführen.

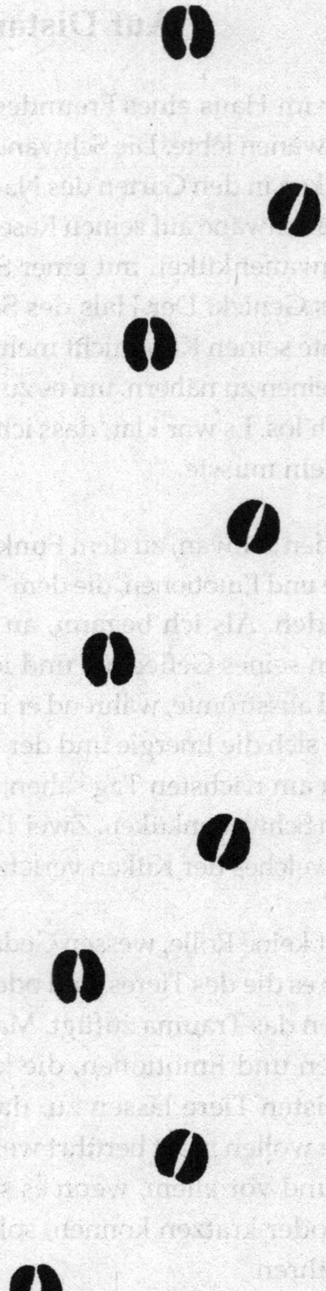

Kapitel fünf

Sei konsequent in dem, was du deinem Tier sagst

In einem unserer Tierworkshops sagte mir eine Dame, die ihren Chihuahua auf dem Schoß hielt: „Ich bewundere deine Art, mit Kindern und Tieren zu arbeiten. Du bist direkt und konsequent. Du sagst: ‚Das sind die Konsequenzen deines Verhaltens.' Bei meinen Kindern klappt das immer besser, aber bei meinen Tieren bin ich immer noch zu nachgiebig und zu weichherzig."

Während sie das sagte, knurrte ihr Hund. Sie zeigte auf ihren Hund und sagte: „Er knurrt jetzt, weil er beschlossen hat, dass er angegriffen werden wird, weil diese anderen Hunde hier sind."

Ich sagte: „Nein. Du stellst eine Vermutung an. Du hast entschieden, dass er die Ansicht vertritt, dass er angegriffen werden wird."

Sie sagte: „Ja, aber er sitzt hier auf meinem Schoß und knurrt."

Ich fragte: „Ist er der Meinung, dass er angegriffen werden wird – oder ist er der Meinung, dass er dich beschützen soll?"

Sie wirkte völlig überrascht und meinte: „Oh! Daran habe ich gar nicht gedacht."

Ich fragte: „Bist du einverstanden, dass er diese Ansicht ändert? Wahrheit? Nein, das bist du nicht. Das ist eines dieser Beispiele, bei denen der Besitzer die Ursache des Problems ist."

Sie erwiderte: „Nun, eigentlich mag ich es, wenn er mich zu Hause beschützt. Wird er mich in unserem Haus nicht mehr beschützen, wenn er mich hier nicht mehr beschützt?"

Ich sagte: „Du musst ihm nur Anweisungen geben. Sag ihm: ‚Du musst mich nur dann beschützen, wenn wir zu Hause sind und ich nicht aufpasse. Wenn ich aufpasse, brauchst du mich nicht zu beschützen. So fühle ich mich, wenn es mir gut geht und ich weiß, dass ich nicht angegriffen werde. So fühle ich mich, wenn ich unaufmerksam und dumm bin und du mich beschützen musst.' Aus der Sicht deines Hundes bist du immer dumm und musst beschützt werden. Das liegt leider daran, wie wir unsere Tiere erziehen. Wir sind dafür verantwortlich. Nicht sie."

Die Dame meinte: „Wenn er anfing zu bellen, sagte ich: ‚Guter Hund. Ist ja gut', anstatt ihm zu sagen, er solle still sein. Und wenn ich dann sagte: ‚Ist schon gut, du brauchst dir keine Sorgen zu machen', hörte er auf zu bellen."

Ich sagte: „Das ist richtig. Er tut genau das, worum du ihn gebeten hast. Du hast ihn gebeten, dein Beschützer zu sein. Es ist eigentlich ziemlich lustig, dass du einen Chihuahua gebeten hast, dein Beschützer zu sein. Wahrscheinlich reicht er dir auch nur als Frühwarnsystem. Mehr brauchst du eigentlich gar nicht. Sag ihm: ‚Du kannst einfach mein Freund sein. Du musst nicht mein Beschützer sein.'"

Sei konsequent in dem, was du deinem Tier sagst. Manche Menschen denken, sie seien gütig, wenn sie sich bei ihren Hunden oder Kindern nicht durchsetzen. Woher kommt diese Vorstellung, es sei gütig, ihnen ein unangemessenes Verhalten durchgehen zu lassen?

Ein Tier benimmt sich einzig und allein dann daneben, wenn es verwirrt ist. Du sagst: „Das ist falsch", und dennoch lässt du es gewähren. Warum solltest du es gewähren lassen, wenn es doch falsch ist? Du rügst es nicht, wenn es etwas Schlimmes tut, höchstens um es anzuschreien oder zu sagen: „Das ist schrecklich. Du bist böse." Du musst ihm klarmachen: „Das ist die Regel. So wird das hier gemacht."

Wenn ein Tier etwas tut, das für dich wichtig ist, z. B. wenn es dich beschützt, und du es dann fester an dich drückst, weil es knurrt, ist das eine Belohnung? Ja, das ist es. Das Tier denkt: „Oh, du liebst mich. Ich tue das Richtige." Oder du streichelst es und sagst: „Alles ist gut." Das ist eine Belohnung. Wenn du nicht willst, dass der Hund bellt, musst du ihn ansehen und sagen: „Halt die Klappe!" Du kannst nicht „Pst, pst, sei still" sagen, während du „Braver Hund" sagst. Sei nicht widersprüchlich. Sag: „Halt die Klappe!"

Wenn sich ein Tier danebenbenimmt oder ein unerwünschtes Verhalten an den Tag legt, musst du ihm klarmachen, was die Konsequenzen dieses Verhaltens sind. Du wirfst beispielsweise die Fernsehzeitschrift nach deiner Katze, wenn sie auf dem Küchentisch liegt. Weil die Zeitschrift im Flug aufklappt, trifft sie die Katze nie. Die Katze ist schon lange weg, bevor die Fernsehzeitschrift sie erreicht. Aber es erschreckt sie so sehr, dass sie denkt: „Oh! Das ist ja wie eine Eule oder ein Falke, die mich fangen wollen." Es wird ihr klar, dass es kein gutes Benehmen ist, auf den Küchentisch zu springen.

Ich hatte einmal ein Pferd, das Menschen angriff und nach ihnen schnappte. Wir versuchten, sein Verhalten zu ändern, aber es gelang uns nicht. Schließlich sah ich es an und sagte: „Ich möchte, dass du begreifst: Wenn du mit dem Beißen nicht aufhörst, wirst du zu Hundefutter verarbeitet. Wir werden deinen Namen in ‚Hundefutter' ändern, damit du dir darüber im Klaren bist, wo du enden wirst. Du wirst in einer Dose landen und Hunde werden dich fressen, wenn du nicht aufhörst zu beißen."

Am nächsten Tag ging ich, ohne dass ich es bewusst merkte, bis auf wenige Zentimeter an dem Pferd vorbei, und es zuckte nicht einmal mit den Ohren. Es sah mich nur an und hat nie wieder jemanden gebissen. Man muss den Tieren Informationen geben, damit sie eine Wahl treffen können.

Kapitel sechs

In der Frage sein

Kürzlich erzählte uns jemand auf einer Veranstaltung, dass sein Nachbar einen neuen Hund hat, einen Beagle, der ihn mit stundenlangem Bellen in den Wahnsinn treibt. Er fragte, was er dagegen tun könne. Ich sagte: „Der Hund hat eine Entscheidung getroffen. Frag ihn: ‚Was versuchst du mir dadurch zu sagen?' Und dann lass laufen: *Alles, was du über ständiges Bellen als Mittel zur Verständigung beschlossen hast, zerstörst und unkreierst du das?"*

Wenn die Menschen bellenden Hunden einfach Fragen stellen würden, wie zum Beispiel: „Was ist los, Hund? Was ist denn los? Was machst du da? Welchen Wert hat es, daran festzuhalten? Wer hat das kreiert? Wer hat es dir gegeben?", könnten sie dem Verhalten auf den Grund gehen und es ändern. Wenn du einem Tier eine Frage stellst, wird es dir eine Antwort geben, die es dir ermöglicht, seine Beschwerde zu beheben. Triff keine

Entscheidungen und komme nicht zu Schlussfolgerungen darüber, was bei den Tieren vor sich geht. Wenn du zu einer Entscheidung kommst, beispielsweise: „Das ist nun mal so", dann ist das die einzige Möglichkeit, die es gibt. Stell stattdessen lieber eine Frage.

Eine Frage zu stellen funktioniert immer, denn alles im Universum hat ein Bewusstsein. Du kannst sogar dein Auto fragen, was es braucht oder was sein Problem ist, und es wird es dir sagen. Das Auto einer Freundin lief nicht richtig, und sie dachte, sie müsse einen Ölwechsel machen lassen. Das Problem war danach aber nicht behoben. Dann änderte sie ihre Taktik. Anstatt zu glauben, sie wüsste die Antwort, fragte sie das Auto, was es brauchte. Am nächsten Morgen wachte sie um vier Uhr auf und dachte: „Meine Güte, das Auto braucht mehr Luft auf den Reifen!" Mit etwas zusätzlicher Luft auf den Reifen war das Problem vollständig behoben.

Es mag schwer zu glauben sein, dass ein Auto ein Bewusstsein hat, aber es ist so. Alle Dinge haben ein Bewusstsein. Vor Kurzem hat die Wissenschaft herausgefunden, dass wir die Struktur eines Moleküls verändern können, einfach nur, indem wir es betrachten. Das Molekül muss ein Bewusstsein haben, damit es weiß, dass wir es betrachten, was bedeutet, dass es von unseren Gedanken beeinflusst wird.

Du kannst allen Problemen oder Beschwerden auf den Grund gehen. Es geht nur darum, Fragen zu stellen und der Antwort zu lauschen. Wenn du Fragen stellst, wirst du das energetische „Ping" in deinem Kopf wahrnehmen oder was auch immer du persönlich wahrnimmst, das dich wissen lässt, womit du es zu tun hast. Du musst einfach nur eine Frage stellen – und dann der Antwort lauschen.

Kapitel sieben

Tiere wissen, was sie brauchen

Warum frisst er Löwenzahn?

Tiere wissen, was sie brauchen. Ich hatte einmal ein Pferd, das bei unseren Ausritten ausschließlich Löwenzahn fraß. Ich fragte mich immer wieder: „Warum frisst es Löwenzahn?" Etwa zwei Monate später bekam es eine schwere Kolik, und der Tierarzt entdeckte eine Fettgeschwulst in seinem Dickdarm. Fünfeinhalb Meter seines Dickdarms mussten entfernt werden.

Ich hatte das Pferd damals geleast und eine Versicherung abgeschlossen. Also rief ich die Leute an, von denen das Pferd kam, um zu fragen, ob sie vielleicht vergessen hatten, seine Versicherung zu kündigen.

Sie sagten: „Oh mein Gott, wir lieben dieses Pferd so sehr."

Ich sagte: „Die Behandlung wird 10.000 Dollar kosten."

Sie sagten: „Das bezahlen wir."

Ich sagte: „In Ordnung, ich überlasse euch das Pferd."

Ich gab es ihnen zurück, weil sie 10.000 Dollar zahlen wollten, um es zu behandeln.

Später fand ich heraus, dass Löwenzahn eine Substanz enthält, die auf das Fettgewebe einwirkt. Tiere fressen das, was für sie geeignet ist, weil sie wissen, wie sie sich selbst am besten versorgen können.

Die Aufgabe eines Hundes ist es, Sachen aufzuspüren

Wir arbeiteten einmal mit einer Frau, deren Hund seinen eigenen Kot fraß. Sie fragte mich, warum er das tat. Ich erklärte ihr, dass Tiere, denen Mineralien und andere Elemente in ihrer Nahrung fehlen, versuchen, diese fehlenden Elemente irgendwo anders herzubekommen. Ein Hund in freier Wildbahn würde losziehen und alles, was er braucht, aufspüren. Aber das lassen wir bei unseren Hunden nicht zu. Ich glaube, viele der Probleme, die Hunde und Katzen heutzutage haben, sind darauf zurückzuführen, dass wir ihre Ernährung so stark eingeschränkt haben. Anstatt sie mit Resten zu füttern, die ihnen die zusätzlichen Nährstoffe geben, die sie brauchen, geben wir ihnen nur ihr Hunde- oder Katzenfutter. Die Aufgabe eines Hundes ist es, Aas aufzuspüren und zu verwerten. Hunde sind wie Aasgeier. Sie sind von Haus aus voll ausgerüstet, um alles, was sie fressen, zu verwerten.

Eine Freundin erzählte mir, dass ihr Tierarzt ein Poster mit Gegenständen an der Wand hat, die aus den Eingeweiden von Hunden entfernt wurden, beispielsweise Damenslips und Tampons.

> Ich sagte: „Sie fressen das alles, weil die Menschen ihnen nicht erlauben, das zu fressen, was sie gerne fressen würden."
>
> Sie meinte: „Ja, aber Hunde sind keine Müllschlucker."
>
> Ich erwiderte: „Doch, das sind sie. Es tut mir leid. Du musst dich damit abfinden. Hunde sind Müllschlucker."

Unsere Freundin Suzy, die täglich mit mindestens zwölf Hunden Gassi geht, sagte: „Du glaubst nicht, was ich alles im Hundekot finde!" Sie sagt, sie wisse, dass am Ende alles wieder rauskommt, und mache sich keine Sorgen darüber, was die Hunde fressen.

Es ist unglaublich, was Hunde alles zu sich nehmen. Sie fressen reife Tomaten direkt von der Pflanze. Sie verschlingen Avocados. Ich hatte einen Freund, dessen Hund drei Kilometer zur nächsten Avocadoplantage rannte und regelrecht über die Avocados herfiel. Er war der dickste Hund, den man sich vorstellen kann. Der Tierarzt sagte: „Ich verstehe nicht, warum dieser Hund so fett ist. Aber sehen Sie sich sein schönes Fell an."

Vielleicht teilen Hunde, die die Unterhosen ihrer Besitzer fressen, ihren Besitzern etwas mit, zum Beispiel: „Lass mich raus, ich will etwas Freiheit. Ich fresse deine Unterhose, wenn du mich nicht rauslässt." Hör auf, Tiere zu behandeln, als wären sie so etwas wie eine zarte Blume. Suzy sagt: „Hunde sind wie Kinder. Sie stecken sich Dinge ins Maul, und was bewirkt das? Es stärkt ihr Immunsystem. Kinder, die sich nichts in den Mund stecken dürfen, haben kein gutes Immunsystem. Sie werden dauernd krank."

Kapitel acht

Surrogat

Wie ich bereits erwähnt habe, neigen Katzen dazu, Entitäten zu übernehmen. Hunde hingegen übernehmen Krankheiten und Persönlichkeitsstörungen für ihre Besitzer, um deren Leben zu verbessern. Sie übernehmen die Krankheit ihres Besitzers stellvertretend, als Surrogat. Körpersurrogat bedeutet, dass ein Tier die Beschwerden, Krankheiten und Verletzungen anderer Tiere oder Menschen, insbesondere seiner Besitzer, auf sich nimmt, um sie zu heilen. Wenn du einen Hund mit einer Krankheit oder einer Persönlichkeitsstörung siehst, solltest du unter Umständen überprüfen, ob das Problem nicht eigentlich bei seinem Besitzer zu suchen ist.

Wir haben mit einem Hund gearbeitet, der immer wieder an verschiedenen Krebsarten erkrankte. Eines Tages fragte ich ihn: „Übernimmst du den Krebs für ein Mitglied deiner Familie?" Die

Energie signalisierte ein Ja. Ich sagte zu den Besitzern des Hundes: „Jemand muss auf Krebs untersucht werden." Der Lieblingsmensch des Hundes war die Mutter der Familie. Er saß immer neben ihr und legte seinen Kopf auf ihre Füße, wenn sie im Sessel saß. Das tat er schon, seit er ein Welpe war. Niemand wusste es damals, aber es stellte sich heraus, dass die Mutter an Krebs erkrankt war, und sie starb etwa drei Wochen später. Sie hatte keinerlei Symptome. Der Hund zeigte sämtliche Symptome.

Hunde übernehmen auch unsere Emotionen. In Neuseeland arbeiteten wir mit einer Hündin namens NickNick, die sehr ängstlich und nervös geworden war. Wir fanden heraus, dass die Angst eigentlich von der Tochter der Familie herrührte, die sich darauf vorbereitete, auf eigenen Füßen zu stehen, und nicht wusste, was sie mit ihrem Leben anfangen sollte. NickNick versuchte, die Unruhe aus ihrem Körper zu nehmen. Ich schlug vor, dass die Tochter sich mit einer älteren Dame unterhalten sollte, die ihr Ratschläge geben und ihr helfen könnte, ihr Leben in den Griff zu bekommen. Ich sagte ihr, dass, sobald sie ihre Unsicherheit darüber, was sie mit ihrem Leben anfangen soll, überwinden würde, auch NickNick ihre Nervosität überwinden würde. Dann sagte ich: *Alles, was NickNick für dich übernimmt, zerstören und unkreieren wir das jetzt alles und gönnen ihr wenigstens eine kleine Pause?*

Ein Surrogat zu sein ist nicht gut. Tiere können den Menschen nicht wirklich Krankheiten oder Leiden abnehmen, denn die Menschen müssen bereit sein, sich ihre eigenen Ansichten anzuschauen. Surrogate beseitigen lediglich die Symptome, lindern den Schmerz oder mindern seine Intensität. Auf den ersten Blick mag das positiv erscheinen, aber wenn jemand nicht weiß, dass er Krebs hat, wird er nichts dagegen unternehmen.

Auch wenn Tiere unsere Krankheiten nicht heilen können, können sie uns auf andere Weise helfen. Es gibt zum Beispiel viele therapeutische Reitvereine, in denen Menschen durch das Reiten wunderbare therapeutische Ergebnisse erzielen. Kürzlich habe ich von einer Einrichtung gehört, in der Kinder mit Autismus reiten und mit Pferden arbeiten. Nach dem Reiten lächeln die Kinder, sind glücklich und so entspannt, dass sie sich hinlegen und einschlafen. Die Kinder fühlen sich total wertgeschätzt und aufgehoben, wenn sie mit den Tieren zusammen sind.

Ein Beagle, der fast an Fettleibigkeit starb

In einem Hundekurs haben wir vor Kurzem mit einem Beagle gearbeitet, der kurz davor stand, an Fettleibigkeit zu sterben. Er war so fett, dass er seine Beine nicht mehr bewegen konnte. Seine Besitzerin gab ihm drei Mal täglich eine riesige Schüssel voller Futter. Sie sagte immer: „Oh, Schatz, friss noch mehr. Du liebst dein Fressen so sehr." Nein.

Wir entdeckten, dass die Hündin das Bedürfnis ihrer Besitzerin nach Nahrung befriedigte, nicht ihr eigenes Bedürfnis. Sie zeigte der Besitzerin, dass sie sie liebte, indem sie das ganze Futter fraß, das sie ihr vorsetzte. Die Frau sagte: „Ich füttere sie und dann erbricht sie alles." Sie gab ihrem 15 Pfund schweren Beagle die Menge an Futter, die man einem 60 Pfund schweren Hund geben würde. Was sollte die Hündin damit machen? Es erbrechen. Aber wir, die Menschen, sind die intelligente, denkende Spezies, die empfindungsfähigen Wesen. Wie dumm können wir eigentlich sein?

> Unsere Freundin Suzy sagte der Dame, ihre Hündin sei kurz davor zu sterben und sie müsse ihr weniger Futter geben. Die Frau meinte: „Ich kann ihr nicht weniger Futter geben, das wäre nicht nett."

Suzy erklärte: „Nun, du fütterst deinen Hund zu Tode. Möchtest du, dass deine Hündin tot ist – oder auf Diät?"

Die Dame antwortete: „Okay, auf Diät."

Das Fressproblem war tatsächlich das der Frau. Aber sie fütterte die Hündin weniger, und nach drei Wochen konnte die Hündin wieder spazieren gehen und begann, am Strand herumzulaufen. Wenn Suzy jetzt zu Besuch ist, rollt sich die Hündin auf den Rücken und lässt sich von ihr den Bauch kraulen, während sie sich vorher durch nichts dazu bewegen ließ, sich auf den Rücken zu drehen.

Der springende Punkt ist, dass dein Hund versucht, sich um dich zu kümmern. Dein Tier versucht, sich um dich zu kümmern, indem es zu viel frisst, wenn du das eigentlich selbst gerne tun möchtest, es dir aber nicht erlaubst. Es wird dir Dinge abnehmen, weil du ihm wichtig bist.

Ein Corgi, dessen Leben der Heilung gewidmet war

In einem unserer Tierworkshops arbeiteten wir mit einem drei Jahre alten Corgi, der eine Vielzahl von Gesundheitsproblemen hatte. Die Besitzerin der Hündin erzählte, dass sie lahmte, wenn sie viel lief, und dass sie Probleme mit den Gelenken, Probleme im Steißbeinbereich, Hautprobleme, Blasensteine und immer wieder Blasenentzündungen hatte. Die Hündin hatte auch ein Verhaltensproblem. Sie war übermäßig anhänglich und rückte jedem auf die Pelle, auch anderen Hunden.

Ich wusste, dass vor allem Hunde die Krankheiten ihrer Besitzer stellvertretend übernehmen, um sie zu heilen.

Ich fragte die Corgihündin, ob sie ein Surrogat sei. Die Antwort lautete Ja.

Dann fragte ich sie: „Wie viele der körperlichen Beschwerden, die du hast, entspringen deinen Bemühungen, dein Frauchen zu heilen? Die meisten? Alle? Einige? Keine? Was ist es?" Es kam: „Alle."

Sie teilte mir mit: „Ich heile alle, so schnell ich kann." Ich fragte sie, ob sie ihre Fähigkeiten als Heilerin verbessern wolle, damit sie sich nicht mit den Krankheiten der Menschen herumschlagen müsse. Ihre Antwort lautete Ja.

Ich fragte sie: *Alles, was du als universelles Surrogat übernommen hast, und alles, was du getan hast, um ein Surrogat für deine Familie zu sein, zerstören und unkreieren wir jetzt alles, was dir nicht erlaubt, was auch immer es ist, schneller heilen zu können? Right and wrong, good and bad, POD and POC, all 9, shorts, boys, POVADs and beyonds.*

Es handelte sich hier um eine Hündin, deren Leben der Heilung gewidmet war.

Ich fragte: „Heilst du nur deine Besitzer oder jeden, der dich berührt?"

Ihre Antwort war: „Jeden, der mich berührt."

Das erklärte, warum sie jedem auf die Pelle rückte.

„Okay, ich heile dich. Ich heile dich. Ich heile dich."

Hunde versuchen oft, Menschen anzuspringen, um sie zu heilen. Oft springen sie den Menschen in den Schritt, um Heilungsarbeit zu leisten. Sie springen dorthin, um die Energie des Menschen zu erfühlen.

Ich sagte: *Alles, was du getan hast, alles, was du nicht getan hast, und alles, wofür du abgewertet wurdest, was eigentlich eine Heilung war, zerstörst und unkreierst du all das jetzt? Right and wrong, good and bad, POD and POC, all 9, shorts, boys, POVADs and beyonds.*

Du kannst die Gesundheit deines Hundes erheblich verbessern, wenn du erkennst, dass er deine Probleme, Krankheiten und Beschwerden in dem Versuch übernimmt, dich zu heilen. Wenn du einen Hund mit einer Krankheit oder einer Persönlichkeitsstörung siehst, solltest du mit ihm abklären, ob das Problem nicht eigentlich bei seinem Besitzer liegt.

Kapitel neun

Projektionen, Erwartungen, Abtrennungen, Bewertungen und Zurückweisungen

Im ersten Kurs, den wir über Tiere gehalten haben, gab es einen alten Hund, der einen grauen, milchigen Film auf seinen Augen hatte.

> Ich fragte: „Was ist denn mit dem Hund los?"
>
> Sein Herrchen flüsterte: „Er ist dabei, von uns zu gehen." Als ob der Hund nicht hören könnte, dass sein Herrchen sagte, er bereite sich auf den Tod vor!

Die Menschen übertragen ihre Projektionen, Erwartungen, Abtrennungen, Bewertungen und Zurückweisungen auf Tiere.

Dies geschieht in Form von Gedanken und Worten. Sie sagen oder denken Dinge wie: „Oh, du armes Ding. Es bricht mir das Herz, dich so zu sehen" oder „Du wärst besser dran, wenn du tot wärst". Das Tier versucht, dem zu entsprechen, wie wir es haben wollen. Wenn diese Projektionen, Erwartungen, Abtrennungen, Bewertungen und Zurückweisungen nicht als das erkannt werden, was sie sind, können sie eine enorme Verzerrung der Seinsweise und des Körpers des Tieres hervorrufen.

Hunde - und alle anderen Tiere - schnappen alle unsere Gedanken, Gefühle und Emotionen auf. Für sie ist das wie Sprache. Sie ahmen unsere Gefühle und Gedanken nach oder kopieren sie energetisch. Wenn wir einen Gedanken projizieren, beispielsweise „Böser Hund" oder „Fauler Hund" oder welche Ansicht auch immer wir haben, schnappt ein Tier sie auf. Oft übernimmt es sie und handelt danach. Es wird zu dem, was wir auf es projizieren.

Projektionen, Erwartungen, Abtrennungen, Bewertungen und Zurückweisungen verschwinden, indem du zu dem Punkt gehst, an dem sie kreiert wurden. Zum Punkt der Kreation zu gehen, setzt frei, was auch immer es ist, und erlaubt ihm, sich aufzulösen, sodass sich eine neue Möglichkeit zeigen kann.

Wir entfernten die Projektionen und Erwartungen, dass dieser alte Hund sterben würde - und augenblicklich wurden seine grauen, milchigen Augen schwarz. Ich hatte vorher noch nie einen Tierkurs gegeben und versuchte, abgeklärt, cool und lässig zu sein. Als ich die Veränderung in seinen Augen sah, dachte ich, ich sei völlig verrückt geworden.

> Ich dachte: „Jetzt habe ich wirklich den Verstand verloren. Ich bin völlig übergeschnappt. In Wirklichkeit ist hier gar nichts passiert. Ich glaube nur, es sei passiert."
>
> Ich fragte die Leute im Kurs: „Hat jemand eine Veränderung in der Augenfarbe des Hundes gesehen?"

Alle sagten: „Ja, das ganze milchige Zeug ist verschwunden und die Augen des Hundes sind jetzt ganz schwarz."

Ich sagte: „Okay, cool."

Die Wirkkraft von Projektionen

Pferden und anderen Turniertieren werden viele Projektionen und Bewertungen auferlegt. Wenn ein Pferd zu einem Turnier gebracht wird, und jemand sagt zum Beispiel: „Ich hasse dieses Pferd", dann wird das Pferd das aufschnappen. Was die Person hasst, ist die Tatsache, dass das Pferd gegen ihr Pferd gewinnt, aber so kommt es nicht beim Pferd an. Es hört nur: „Ich hasse dieses Pferd", und es übernimmt die Projektion. Diese Projektionen und Bewertungen können sehr negative Auswirkungen auf Pferde und andere Tiere haben.

Vor Kurzem habe ich mit einem Pferd gearbeitet, das einen schweren Unfall mit seinem Reiter hatte. Die Leute hatten einige ziemlich grausame Bewertungen auf das Pferd projiziert, die besagten, es sei ein schlechtes Pferd, ein schreckliches Pferd und es solle getötet werden. Das Pferd ging im wahrsten Sinne des Wortes zugrunde. Es nahm immer mehr ab. Ganz gleich, welches Futter es bekam, es nahm nicht zu. Es war ständig nervös und unruhig. Es hatte aufgehört zu spielen. Wenn es zu den anderen Pferden gelassen wurde, stand es in der Ecke und zitterte. Es ging ihm ganz und gar nicht gut. Wir entfernten die Projektionen, die ihm auferlegt worden waren, und als wir es am nächsten Tag sahen, lag es auf der Weide und fühlte sich völlig wohl. Innerhalb weniger Wochen nahm es wieder richtig zu und spielte, sprang und tobte mit den anderen Pferden umher.

Ich habe auch mit einem Paso Peruano gearbeitet, der von einem Quarter Horse-Trainer ausgebildet worden war. Dieses Pferd war schwach und steif und konnte nicht geritten werden. Es war verkrampft, atmete seltsam und hatte nicht die Kraft, jemanden zu tragen. Als ich mit ihm arbeitete, wurde mir klar, dass der Quarter Horse-Trainer Dinge auf es projiziert hatte. Ich sagte: *All die Projektionen und Erwartungen und all die Bewertungen, dass du nicht so gut wie ein Quarter Horse bist, zerstören und unkreieren wir diese bitte.*

Ich entfernte sie, und innerhalb von zwei Stunden war der Paso Peruano schneller als alle anderen Pferde in seiner Gruppe. Zwei Wochen später verkaufte der Besitzer das Pferd an eine Großmutter, die aufsaß, ihre Enkelin hinter sich hochzog und losritt.

Düstere Prognosen

Manchmal machen Menschen, die sich um unsere Tiere kümmern, düstere Prognosen über zukünftige Gesundheitsprobleme, die diese bekommen werden. Wir arbeiteten mit einem Mops, der als Welpe angefahren worden war, und obwohl er sich von seinem Unfall wunderbar erholte und völlig gesund war, prophezeite sein Tierarzt, dass er Arthritis bekommen würde, wenn er älter würde.

Wenn jemand deinem Haustier Projektionen und Erwartungen auferlegt, musst du sie nicht abkaufen. Du kannst sagen: *Alles, was das ist, zerstören und unkreieren wir das alles und schicken es zum Absender zurück? Right and wrong, good and bad, POD and POC, all 9, shorts, boys, POVADs and beyonds.*

Du kannst auch zum Punkt der Kreation aller Projektionen, Erwartungen, Abtrennungen, Bewertungen und Zurückweisungen deiner Fähigkeit gehen, das Tier zu heilen, oder der Notwendigkeit, das Tier zu heilen, oder der großen Angst, dass es dir nicht gelingen wird, es zu heilen oder ihm zu helfen. In Wahrheit heilst du das Tier aber nicht, sondern du entfernst lediglich die Energieblockaden, die es daran hindern, sich selbst zu heilen.

Ein herrenloser Kater

In einem unserer Tierkurse erzählte uns eine Dame von ihrem Kater, der herrenlos in einer Scheune zur Welt gekommen war. Er kam zu ihr, als er fünf Wochen alt war, und war sehr scheu, aber er lebte sich bei ihr und ihrer Familie gut ein. Als die Familie in ein neues Haus gut einen Kilometer entfernt umzog, nahm sie den Kater mit, aber er kehrte immer wieder zu dem alten Haus zurück. Seine Besitzer gingen ihm nach, fingen ihn ein und brachten ihn nach Hause. Der Kater fraß, ging zur Katzentür hinaus, und sie sahen ihn erst wieder, als sie zum alten Haus zurückkehrten, um ihn wieder einzufangen. Das haben sie ungefähr fünfzehnmal gemacht. Der Kater gewöhnte sich an die Fahrt im Auto.

Der Kater wollte offensichtlich „nach Hause", aber seine Besitzer waren nicht bereit, ihm ihr altes Haus als sein Zuhause zuzugestehen. Sie hatten die Vorstellung, dass sie für ihn verantwortlich waren und bestanden darauf, dass er mit ihnen in ihrem neuen Haus lebte. Verantwortlich für einen Kater? Das ist Überheblichkeit, wie ich sie noch nie zuvor gehört habe. Schließlich gaben sie diesen Standpunkt auf, und der Kater zog in das Haus neben ihrem alten Haus.

Allen war klar, dass er dort leben wollte, aber die Nachbarin wollte ihn nicht für sich beanspruchen. Sie rief die Besitzer an und sagte: „Er ist wieder da. Kommt und holt ihn ab." Ich fragte die Besitzerin: „Deine Nachbarin denkt, dass du den Kater besitzen willst, weil du ihn ständig abholst. Warum sagst du ihr nicht: ‚Hey, anscheinend liebt der Kater dich mehr als uns. Warum behältst du ihn nicht?'"

Sie erzählte uns, dass der Kater nachts um drei Uhr zum Nachbarhaus ging und miaute, woraufhin die Nachbarin aufstand und ihn fütterte. Für die Nachbarin war das in Ordnung; sie beschwerte sich nur darüber, dass der Kater ihr tote Vögel und Mäuse vor die Tür legte.

Katzen bringen uns tote Tiere, weil sie uns damit sagen wollen, dass sie uns lieben. Sie wollen uns füttern. Sie hinterlassen uns Futtergeschenke. Und wenn sie uns lebende Tiere bringen, dann tun sie das, weil sie uns an der Beute teilhaben lassen wollen. Sie wissen, wie viel Spaß das Töten macht, und sie denken, dass wir diese Erfahrung auch machen sollten. Sie wollen, dass wir etwas Spaß in unserem Leben haben. Du jagst die Ratte. Die anderen jagen dich. Alle amüsieren sich, und wo liegt das Problem?

Ich habe die Projektionen, Erwartungen, Abtrennungen und Bewertungen, die dem Kater auferlegt wurden, entfernt – ebenso wie die Zurückweisungen und das Nichtachten seiner Wahlen, indem ich gesagt habe: *All die Projektionen, Erwartungen, Abtrennungen, Bewertungen und Zurückweisungen dieses Katers und all das Nichtachten seiner Wahlen, zerstören und unkreieren wir all das bitte? Right and wrong, good and bad, POD and POC, all 9, shorts, boys, POVADs and beyonds.* Das hat einiges an Energie freigesetzt.

Die Dame sagte auch, dieser Kater sei immer auf der Hut. Er sei immer ängstlich. Ich fragte, ob die Schreckhaftigkeit mit dem Kater oder mit seiner Mutter zu tun habe, und die Antwort war, sie rühre von seiner Mutter her. Die Mutter war auch eine herrenlose Katze – und deswegen war sie was? Sie war ängstlich, nervös und ständig auf der Hut, um sicherzustellen, dass die Menschen sie nicht erwischten.

Ich sagte: *All das, was die Mutter diesem armen Kater beigebracht hat, damit er ein so guter Straßenkater wird wie sie selbst, zerstören und unkreieren wir das jetzt und schicken alles an den Absender zurück? Right and wrong, good and bad, POD and POC, all 9, shorts, boys, POVADs and beyonds.* Nachdem ich das gesagt hatte, konnte jeder im Kurs fühlen, wie sich die Energie zu lösen begann. Es war, als ob eine kühle Frühlingsbrise durch den Raum wehte, in dem wir saßen. Es war die Verbindung zu Gott, zur Quelle, zum Einssein oder wie auch immer man es nennen will, die jeder von uns hat und ist – auch die Tiere.

Kapitel zehn

Molekulare Systeme zur Abspaltung tödlicher Wertigkeiten (MTVSS)

Unser Mittel der Wahl, um fast jede Fehlfunktion des Körpers zu beheben, ist der Handauflege-Prozess *Molekulare Systeme zur Abspaltung tödlicher Wertigkeiten* (Molecular Terminal Valence Sloughing System = MTVSS). Dieser Prozess löst alle blockierten Stellen im Körper und kann das Immunsystem erheblich beeinflussen, vor allem, wenn er auf den Gelenken durchgeführt wird. Er funktioniert bei Tieren genauso gut wie bei Menschen. Besonders hilfreich ist MTVSS, wenn ein Tier ein Trauma erlebt hat. Wenn eine Zelle traumatisiert ist, z. B. wenn ein Tier getreten wird, sich im Stacheldraht verfängt oder gegen eine Fensterscheibe läuft, wird die Erinnerung an dieses Trauma in den Zellen eingeschlossen, und die Zellen wissen nicht, wie sie zu ihrem natürlichen Gedächtnis zurückkehren können. MTVSS kann das Trauma auflösen und dem Körper erlauben, zu seiner natürlichen Funktionsweise zurückzukehren.

In einem unserer Tierworkshops gab es einen alten Hund, der sehr steif war, und ich bat eine der Workshop-Teilnehmerinnen, MTVSS auf seiner Wirbelsäule zu machen. Sie ließ für etwa zehn Minuten MTVSS auf der Wirbelsäule des Hundes laufen. Als sie fertig war, stand der Hund auf und streckte sich, und wir konnten hören, wie sich jeder Wirbel ausrichtete. Es machte poppoppoppoppop, und der Hund lief los, ohne zu hinken. Es war erstaunlich, das zu beobachten. Wir saßen im Kreis, und der Hund kam zurück und steckte seine Nase jedem, der im Kreis saß, in den Schritt. Wenn man mit Hunden arbeitet und sie kommen und stecken einem die Nase in den Schritt, sagen sie: „Danke."

MTVSS: Anwendung

Der Schlüssel zur Anwendung von MTVSS besteht darin, der Energie zu folgen. Was bedeutet das? Wenn du bereit bist, die Informationen zu empfangen, wird dir der Körper des Tieres sagen, wohin du deine Hände legen sollst. Das Tier wird dir energetisch zeigen, wo du es berühren sollst. Plötzlich werden deine Hände an einer bestimmten Stelle verweilen. Es ist wie ein Magnet. Deine Hände bewegen sich an die richtige Stelle und du weißt: „Okay, hier müssen meine Hände sein. Ich weiß nicht, warum, aber sie müssen hier sein. Es ergibt keinen Sinn, aber das ist die richtige Stelle." Lege deine Handflächen auf die betreffende Stelle. Dann sage das Clearing für MTVSS, das lautet: *MTVSS und der ganze Rest, bekannt und unbekannt. Right and wrong, good and bad, POD and POC, all 9, shorts, boys, POVADs and beyonds.*

MTVSS sollte sich sofort aktivieren, d. h., du wirst fast augenblicklich spüren, wie eine Energie durch deine Hände fließt. Jeder empfindet diese Energie anders. Manche Menschen spüren Wärme, andere eine Vibration. Für manche wird es kalt, für andere fühlt es sich wie eine elektrische Entladung an.

Tatsächlich ist es all das. Jeder von uns nimmt die Energie so wahr, wie er bereit ist, sie wahrzunehmen. Wenn MTVSS sich nicht sofort aktiviert, wiederhole das Clearing Statement so lange, bis er es tut.

MTVSS mit Carlos

In einem unserer Workshops arbeiteten wir mit Carlos, einem wunderschönen grauen Vollblut. Er hatte als Jagdpferd an Turnieren auf sehr hohem Niveau teilgenommen. Carlos war jetzt im Ruhestand, und sein Trainer schätzte ihn auf etwa 18 Jahre, aber meiner Meinung nach war er vermutlich 21 oder 22 Jahre alt. Vor Jahren brachte mir ein alter Mann, der seit den frühen 1920er Jahren im Pferdegeschäft war, bei, wie man das Alter eines Pferdes bestimmt, indem man erst die Zähne und dann die Rippen betrachtet. Er sagte, wenn ein Pferd zehn Jahre alt ist, beginnen sich die hinteren Rippen zu dehnen, und man kann das Alter eines Pferdes daran erkennen, wie weit die hinteren Rippen gedehnt sind. Angeblich haben die Zigeuner diese Methode zur Altersbestimmung von Pferden entwickelt. Wenn die Zähne eines Pferdes lang wurden, was darauf hindeutete, dass es alt war, feilten die Menschen die Zähne ab, damit potenzielle Käufer dachten, das Pferd sei zehn und nicht 25 Jahre alt. Die Zigeuner kamen diesem Trick auf die Schliche und lernten, die Rippen des Pferdes zu überprüfen, um sicherzugehen, dass sie nicht an ein altes Pferd gerieten.

Carlos hatte eine Angewohnheit, das sogenannte Weben. Er stand am Tor zu seiner Weide und trat von einem Vorderbein aufs andere. Diese Bewegung hatte seine Schultern so sehr strapaziert, dass er lahm geworden war. Eine Workshop-Teilnehmerin meldete sich freiwillig, um MTVSS auf seinen Schultern zu machen. Ich bat sie, darauf zu achten, wohin der Körper von Carlos ihr sagte, dass sie ihre Hände legen solle, und sie legte sie auf seine rechte Schulter. Ich legte meine Hände auf ihre, um ihr zu zeigen, wie sich die Energie von MTVSS anfühlt, und sagte das Clearing Statement.

Dann bat ich sie, ihn sehr sanft zu berühren und die Energie durch ihre Hände fließen zu lassen. Du musst nicht fest drücken. Manchmal fühlt es sich so an, als würde die Energie vom Tier in deine Hände fließen, was bedeutet, dass blockierte Energie gelöst wird, und manchmal fühlt es sich so an, als würde die Energie durch dich in das Tier fließen, was bedeutet, dass das Tier Energie braucht, um etwas in seinem Körper zu verändern.

Manche Menschen versuchen, die Energie aus den Tieren zu ziehen oder ihnen Energie zu geben. Viele metaphysische Praktiken versuchen, auf diese Weise zu heilen. Das tun wir aber nicht. Die Arbeit mit Energie bei Access ist kein Tun; sie ist ein Freisetzen. Wir lösen blockierte Energien und erlauben der Energie zu fließen. Manchmal sagen Menschen, es fühle sich an, als würde sich die Energie in ihren Händen stauen. Wenn das der Fall ist, empfehlen wir ihnen, die Energie oben aus dem Kopf herausfließen zu lassen. Es geht darum, die Energie einfach fließen zu lassen.

Die Frau, die mit Carlos arbeitete, spürte Hitze in ihren Händen, und sie ließ ihre Hände so lange auf Carlos liegen, bis die Hitze nachließ, was ein Zeichen für eine Wandlung und Veränderung ist. Wenn sich die Energie wandelt, bedeutet das in der Regel, dass das Problem gelöst ist oder dass das Tier alles losgelassen hat, was es im Moment kann. Nicht alle Pferde erzielen sofort ein Ergebnis oder eine Lösung, aber oftmals ist das der Fall. Die Veränderung tritt sehr schnell ein, und manchmal hat man innerhalb von 20 Minuten ein anderes Pferd unter seinen Händen.

Wir haben auch MTVSS auf Carlos' Genick, dem Punkt zwischen seinen Ohren, durchgeführt, weil Pferde, insbesondere Springpferde, eine starke Belastung auf ihrer Wirbelsäule haben, die nicht leicht zu lindern ist. Chiropraktik kann bis zu einem gewissen Grad helfen, aber MTVSS kann merkliche Veränderungen erzielen. Wir konnten sehen, dass MTVSS helfen würde, Carlos' gesamte Wirbelsäule zu entspannen, denn sobald wir unsere Hände auf sein Genick legten, sank sein Kopf nach unten und er begann sich zu entspannen. Nach etwa 20 Minuten MTVSS begann Carlos, sich die Lippen zu lecken, was ein Zeichen der Entspannung ist, und dann bewegte er sich von uns weg. Er ließ uns wissen, dass er genug hatte.

Mache MTVSS so lange, bis du fühlst, dass die Energie nachlässt

Wir haben MTVSS auch bei einer Stute namens Topaz angewendet, die sich Jahre zuvor am Hals verletzt hatte. Sie konnte ihren Kopf überhaupt nicht mehr drehen. Nachdem wir zwei Tage hintereinander jeweils 20 Minuten MTVSS gemacht hatten, konnte sie ihren Kopf unter den Bauch stecken und sich selbst schubbern, was sie schon 15 Jahre lang nicht mehr gekonnt hatte.

Durch diese Prozesse können bei Tieren in sehr kurzer Zeit enorme Veränderungen eintreten. Sie sind viel eher bereit als Menschen, Verletzungen, Schmerzen, Bewegungsmangel und Probleme in ihrem Körper loszulassen. Mache MTVSS so lange, bis du fühlst, dass die Energie nachlässt. Es kann sich für eine Weile heiß anfühlen, und dann verschwindet die Hitze plötzlich. Bei Tieren kann das sehr schnell gehen, weil sie die Energie vollständig empfangen. Sie weisen nichts davon zurück. Mehr als zehn oder 20 Minuten können sie nicht aufnehmen.

Pferde wälzen sich nach dieser Art von Arbeit oft gerne auf dem Boden. So richten sie ihre Wirbelsäule endgültig. Wenn wir uns einfach so wie Pferde im Sand wälzen würden, würden wir wahrscheinlich auch unsere eigene Wirbelsäule korrigieren.

Wenn du MTVSS ein paar Mal gemacht hast und anfängst, die Energie von MTVSS zu erfassen, kannst du deine Hände auf ein Pferd legen und einfach MTVSS sagen. Der Prozess wird anfangen zu laufen. Du musst lediglich ein Kanal für die Energie sein.

Ich habe einen Freund, dessen Hund von einem Auto angefahren wurde, und der Tierarzt sagte ihm, man müsse ihm eine neue Hüfte einsetzen. Ich habe drei Tage hintereinander jeweils 30 Minuten MTVSS beim Hund laufen lassen, und zwischen 70 und 89 Prozent der Lähmung waren verschwunden. Der Hund war zum ersten Mal seit dem Unfall in der Lage, selbständig ins Auto einzusteigen. Seine Besitzer haben danach noch ein paar Mal MTVSS gemacht, und der Hund humpelt jetzt überhaupt nicht mehr und musste nicht an der Hüfte operiert werden.

Der Körper ist so konzipiert, dass er regeneriert. Leider neigen wir dazu, im Schmerz zu verharren, und das führt zu Degeneration statt zu unserer regenerativen Fähigkeit. Wenn wir die Energie freisetzen und diesen Prozessen erlauben zu wirken, setzt der Körper seine generative Kraft frei und „Wunder“ können geschehen.

Kapitel elf

Zellgedächtnis

Zellgedächtnis ist ein dynamischer Prozess, der scheinbar Wunder bewirkt, indem er es dem Körper ermöglicht, Heilung zu wählen. Hast du jemals eine Stelle an deinem Körper verletzt, die nie zu heilen schien? Hast du dich danach über Jahre hinweg immer wieder an der gleichen Stelle verletzt? Die Zellen zogen den Schmerz immer wieder an diese Stelle, weil das Trauma dort eingeschlossen war. Die Zellen blieben in dem Trauma stecken. Sie suchten nicht nach der Auflösung des Traumas, sondern nach weiteren Traumata. Zellgedächtnis befreit die Zellen von dem Punkt, an dem sie traumatisiert wurden, sodass sie wieder das tun können, was sie eigentlich tun sollten. Es löscht die Erinnerung an ein Trauma, an dem die Zelle festgehalten hat. Die Zellen werden sich wieder dessen gewahr, was sie eigentlich sein sollten, und beginnen, sich aus dem heraus zu kreieren. Dieser Prozess ist sowohl bei Tieren als auch bei Menschen extrem kraftvoll.

Zellgedächtnis: Anwendung

Wenn du eine schmerzende Stelle in deinem Körper hast, berühre sie und gehe zu dem Punkt der Kreation der zellulären Erinnerung an das Trauma. Das Clearing für Zellgedächtnis lautet: *Zellgedächtnis, Punkt der Kreation, dreh dich um, Punkt der Kreation, dreh dich um, Punkt der Kreation, dreh dich um.* Wenn du das sagst, wird die Energie in deinen Händen erzeugt, sodass du in der Lage bist, das eingeschlossene Trauma aufzulösen. Es dauert nur eine Sekunde, auf Ebene des Zellgedächtnisses dorthin zu gelangen. Sage das Clearing Statement so lange, bis du spürst, dass die Energie sich in Bewegung setzt. Noch besser ist es, wenn eine andere Person dies für dich tut.

Wenn ein Tier irgendeine Art von Trauma erlitten hat, kannst du Zellgedächtnis an der traumatisierten Stelle machen. Wenn es operiert oder gebissen wurde oder ein anderes traumatisches Erlebnis hatte, ist Zellgedächtnis das Richtige. Es kann Narbengewebe verändern und weicher werden lassen. Wenn das Tier innerlich operiert wurde, solltest du Zellgedächtnis auf den Organen oder auf den inneren Narben machen. In dem Stall, in dem ich meine Pferde halte, gab es ein Pferd, das sich das Auge angestoßen hatte. Es tränte und eiterte. Dieses Pferd war nie besonders umgänglich mit mir gewesen. Ich dachte: „Mal sehen, ob ich da etwas ausrichten kann." Ich legte meine Hand auf sein Auge und sagte das Clearing Statement. Innerhalb von fünf Minuten veränderte sich die Energie und ich nahm meine Hand weg. Das Auge des Pferdes war offen und völlig klar. Das Tränen war verschwunden. Von da an wich das Pferd mir nicht mehr von der Seite. Es war, als würde es sagen: „Du bist mein Freund."

Wir arbeiteten mit einer sechzehnjährigen Vollblutstute, die im Alter von acht Monaten einen Tritt ins Knie bekommen hatte, und die sich anschließend bei einigen Sprüngen daran verletzte. Sie hatte Arthritis in beiden Knien, und das verletzte Knie ließ sich nur noch wenig beugen. Ich bat sie, zu dem Punkt der Kreation aller Gedanken, Gefühle und Emotionen zu gehen, die dem Trauma des Trittes unmittelbar vorausgingen, und diese zu zerstören und zu unkreieren. Dann ließen wir den Zellgedächtnis-Prozess laufen, was in diesem Fall notwendig war, weil der Tritt die Zellen traumatisiert hatte und die Zellen den Stress dieses Traumas aufrechterhalten hatten. Durch Zellgedächtnis wurde der Bereich erheblich entlastet. Wir haben Zellgedächtnis auch bei einem Pferd angewendet, das eine Delle in der Schulter hatte, weil es in einen Stacheldrahtzaun gelaufen war; die Zellen waren vom Trauma dieses Vorfalls betroffen. Wir arbeiteten etwa 15 oder 20 Minuten lang mit Zellgedächtnis an der Stelle; die Delle verschwand und die Stelle wurde wieder rund, was wirklich großartig war.

Wenn du dir nicht sicher bist, wodurch ein Problem verursacht wurde oder ob du MTVSS oder Zellgedächtnis machen solltest, frage das Tier. Frage immer das Tier. Das Tier weiß es. Ich habe in einem Kurs mit einem Pferd gearbeitet, und jedes Mal, wenn ich fragte: „Müssen wir das, das oder das machen?“, nickte es, wenn ich den richtigen Prozess sagte. Auch wenn es die Worte, die ich sagte, nicht verstand, wusste es energetisch, was richtig war. Tiere erfassen Dinge energetisch auf eine viel dynamischere Weise, als wir anerkennen können. Es geht nur darum, Fragen zu stellen und auf die Antwort der Energie zu hören. Du musst das energetische „Pling“ in deinem Kopf wahrnehmen, oder was auch immer du persönlich fühlst, das dich wissen lässt, womit du es zu tun hast. Wenn du dieses Prinzip des Fragens auf alle Bereiche deines Lebens anwendest, nicht nur auf Tiere, Pflanzen und Menschen, sondern auf jeden Bereich des Lebens, wirst du feststellen, dass dir sehr viel mehr Informationen zur Verfügung stehen. Das gesamte Universum versucht, mit uns zu kommunizieren und uns Informationen darüber zu geben, was möglich ist, aber wir sind nicht bereit, sie zu empfangen. Wenn wir das täten, hätten wir ein viel größeres Universum und viel mehr Dinge, die uns erleichtern würden, das zu erreichen, was wir uns wünschen.

Jeder von uns schaut aus einer anderen Position oder Perspektive

Wenn ich Tierkurse gebe, frage ich die Teilnehmer, welche Prozesse wir bei den Tieren, mit denen wir arbeiten, anwenden sollen. Ich tue das, um ihnen zu helfen, ihre Fähigkeit zu entwickeln, den Informationen zu vertrauen, die sie empfangen. Oft geben verschiedene Leute unterschiedliche Antworten auf dieselbe Frage, und sie fragen mich, wie das kommt.

Jeder von uns schaut aus einer anderen Position oder Perspektive. Es ist klar, dass du, wenn du etwas aus einer etwas anderen Position betrachtest, einen anderen Blick darauf hast als ich. Was du siehst, ist korrekt, und wohin du deine Hände legst, ist auch korrekt. Wir können nicht alle von der gleichen Stelle aus schauen und wir werden nicht alle die gleichen Informationen erhalten. Übereinstimmung ist nicht das Ziel. Es geht um Gewahrsein. Sobald du mit diesen Prozessen begonnen und einige Ergebnisse erzielt hast, fängst du an, den Informationen zu vertrauen, die du empfängst.

Kapitel zwölf

Frühere Leben

Tiere haben manchmal Verbindungen aus früheren Leben zu Menschen und tun deshalb seltsame Dinge. Wenn ein Tier bei jemandem von Anfang an seltsam ist, frage es nach Verbindungen aus früheren Leben zu dieser Person. Oft gibt es eine Verbindung aus früheren Leben, die mit einer Form von Missbrauch oder etwas anderem zu tun hat, wodurch das Tier beschlossen hat: „Ich werde mich von dieser Person nie wieder anfassen lassen." Du kannst es fragen: „Ist das etwas aus einem früheren Leben? Welche Entscheidungen und Bewertungen hast du deswegen getroffen?"

Eine Frau brachte einen Pyrenäenberghund mit zu einem Kurs in Texas. Sie hatte diesen Hund seit seinem achten Lebensmonat aufgezogen und hatte ihn schon zwei Jahre lang, aber sie konnte ihn nicht verkaufen, weil er sich nicht in die Nähe von Menschen traute. Er konnte Männer nicht ausstehen und kauerte sich

zusammen, wenn er in ihrer Nähe war. Eines Tages kamen zwei Männer zu ihr, die auf der Suche nach einem Hund waren. Der Pyrenäenberghund war in einem Zwinger, und als er die Männer sah, wurde sein Körper von der Vorderseite des Zwingers an die Rückwand geschleudert.

> Wir fragten: „Was wurde auf dieses Tier projiziert?“ Ein Tierkommunikator in der Gruppe sagte: „In einem früheren Leben konnten diese beiden Männer auf einen Knopf drücken, um das Tier niederzustrecken. Auf diese Weise haben sie es kontrolliert. Sie brachten es dazu, Menschen anzugreifen, und sie brachten es dazu, andere Dinge zu tun.“
>
> Ich sagte: „Wow, energetisch passt das.“

Der Hund war in einem anderen Leben angegriffen worden, und als er die Menschen sah, die ihn missbraucht hatten, wurde die gleiche Reaktion ausgelöst. Er flog quer durch den Käfig und schlug gegen die Rückwand. Wir arbeiteten mit dem Hund und entfernten alle Ansichten und Entscheidungen, die diese Reaktion ausgelöst hatten, und als wir fertig waren, stand er auf, ging zum nächstbesten Mann, steckte seine Nase in seinen Schoß und ließ sich von ihm streicheln.

Bevor wir an ihm arbeiteten, hatte er sich geduckt und dicht am Boden bewegt wie ein Dackel. Nachdem wir mit ihm gearbeitet hatten, ging er schwanzwedelnd auf die Menschen zu. Der Hund war völlig verändert.

> Die Frau sagte: „Also, ich muss das jetzt fragen. Muss ich an diesen Mist mit früheren Leben glauben?“
>
> Ich erwiderte: „Nein. Das musst du nicht.“
>
> Sie sagte: „Nun, ich glaube nicht daran, aber auf jeden Fall funktioniert es.“

Dieser Hund war völlig verändert.

Kapitel dreizehn

IMPLANTATE

Implantate werden über Elektrizität, Drogen, Schwingungen, Licht und Töne in unseren physischen Körper eingebracht, um uns und unseren Körper zu beherrschen, zu manipulieren und zu kontrollieren. Ein Implantat wird mit einer elektromagnetischen Ladung in den Körper eingesetzt, und in jedem Leben, wenn eine Person oder ein Tier in einen Körper zurückkehrt, wird die Elektromagnetik des Implantats reaktiviert, denn alle Körper haben eine elektromagnetische Ladung. Auch wenn das eigentliche Implantat nicht mehr im physischen Körper existiert, ist es energetisch immer noch da. Die Elektromagnetik verändert den Bereich des Körpers, in den das Implantat eingesetzt wurde, und kann dazu führen, dass er nicht richtig funktioniert.

Implantate werden manchmal eingesetzt, um die Fähigkeiten einer Person zu verbessern. So können sie zum Beispiel ihre sportlichen

Fähigkeiten oder Leistungsfähigkeit verbessern. Implantate werden auch bei Menschen mit gewissen Arten von Anfällen verwendet. Dabei wird Strom in einen bestimmten Teil des Herzens oder des Gehirns eingebracht, um den Anfall zu stoppen. Das scheint positiv und eine gute Idee zu sein, aber was passiert im nächsten Leben? Man kann sich nie sicher sein, wie sich ein Implantat im nächsten Leben auswirkt. Im nächsten Leben kann das Implantat ein Problem verursachen oder die Leistung beeinträchtigen. Wir stellen fest, dass die Rückenprobleme vieler Menschen auf Implantate zurückzuführen sind, die sie in einem früheren Leben eingesetzt bekommen haben.

Während seiner Zeit als Chiropraktiker arbeitete Dain monatelang mit einem Mann, der Schmerzen in der Hüfte und im unteren Rücken hatte; seine Hüfte war vollkommen unbeweglich. Dain tat alles, was er als Chiropraktiker gelernt hatte, aber nichts davon brachte irgendeine Besserung. Nachdem Dain etwas über Implantate und deren Entfernung gelernt hatte, beschloss er zu prüfen, ob dies seine Verfassung verbessern könnte. Er sagte das Clearing: *Alle Implantate, die das kreieren, right and wrong, good and bad, POD and POC, all 9, shorts, boys, POVADs and beyonds*, und wartete einen Moment. Dann fragte er den Mann, wie es ihm ginge. Der Mann stand auf und begann, seine Hüfte zu bewegen. Beide trauten ihren Augen nicht: Sein Zustand hatte sich um 70 Prozent verbessert.

Entfernung eines Implantats bei einem Affen

Wir wurden von der Leiterin einer Tierauffangstation in Texas gebeten, mit den Tieren dort zu arbeiten. Als wir durch das Tor traten, begann ein Affe so laut zu schreien, dass wir wussten, dass wir zuerst mit ihm arbeiten mussten. Er war in einem Käfig in einem Baumarkt in New York City gehalten worden. Im Laufe der Jahre war er verrückt geworden, und man hatte ihn in den Keller gesperrt. Als der Leiter der Station ihn zum ersten Mal sah, saß der Affe in einem Käfig, der 1,20 m hoch und voller Kot war. Er hatte kaum Platz, sich zu bewegen.

Er war völlig verstört und niemand konnte sich ihm nähern. Man musste ihm ein Betäubungsmittel spritzen, um ihn in einen Transportkäfig zu bekommen und in die Auffangstation zu bringen.

Wir haben viel mit ihm gearbeitet und er beruhigte sich etwas, aber er schlug sich immer wieder auf die Brust und griff sich in die Brusthaare. Ich fragte ihn: „Was ist denn mit deinem Herzen los?"

Ich erfuhr, dass er ein Implantat hatte.

In einem früheren Leben war dem Affen eine Art elektrisches Implantat eingesetzt worden, und es wirkte immer noch auf ihn ein. Als ich fragte, wie alt dieses Implantat war, erfuhr ich, dass es acht Millionen Jahre alt war. Dieser Affe war also seit acht Millionen Jahren ein Affe. Die Ladung des Implantats wurde jedes Leben aufs Neue erzeugt. Er hatte ein acht Millionen Jahre altes Implantat, und als wir es entfernten, war er völlig ruhig.

Wenn du mit Tieren arbeitest und die Energie darauf hindeutet, dass du es mit einem Implantat zu tun hast, frage nach allen Implantaten, die die Beschwerde hervorrufen, und wende das Clearing Statement auf sie an.

Kapitel vierzehn

Propriozeption

Propriozeption ist der natürliche Gewahrseinszustand des Körpers. Sie ist die Wahrnehmung des Körpers seiner selbst in Raum und Zeit. Eine Zelle mit ihrer wahren Propriozeption befindet sich in ihrem eigenen sphärischen Universum. Zellen können ihre Propriozeption verlieren, wenn sie mit negativen Gedanken, Gefühlen oder Emotionen in Berührung kommen. Wenn eine Zelle durch Gedanken, Gefühle oder Emotionen oder durch Chemikalien verändert wurde, verliert sie ihre Propriozeption, verändert ihre Form und wird elliptisch. Es ist, als würde ein Pfeil durch die Zelle gehen und sie in die Länge ziehen. Wissenschaftler gehen heute davon aus, dass diese Formveränderung der Beginn von Krankheit ist.

Was bewirken Drogen und Chemikalien?

Wenn Menschen ein bestimmtes Stadium von Beschwerden oder Krankheiten erreichen, greifen sie oft zu Medikamenten, um sich Linderung zu verschaffen, da sich der Körper durch Medikamente scheinbar besser fühlt. Das Medikament verändert die Funktionsweise des Körpers und führt zu einer veränderten Propriozeption der zellulären Struktur. Man muss die Medikamente immer weiter einnehmen, um diese falsche Propriozeption zu erzeugen. Das Medikament heilt den Körper nicht wirklich; es verändert die chemische Struktur des Körpers. Sobald ein Medikament eingenommen wird, hinterlässt es eine chemische Prägung im Körper.

Jedes Medikament, ob verschreibungspflichtig oder nicht, hinterlässt eine chemische Prägung im Körper. Der Körper geht dann davon aus, dass er das Medikament braucht oder dass er sich verändern muss, um auf das Medikament zu reagieren, oder dass er sich verändern muss, um das Medikament loszuwerden, und er behält die vom Medikament veränderte Zellstruktur bei. Es ist nicht unbedingt ein gesunder Zustand, in dem sich der Körper dann befindet; stattdessen verursacht das Medikament einen veränderten Zustand im Körper, und der Körper benötigt die fortgesetzte Einnahme der Chemikalie, um seinen veränderten Zustand aufrechtzuerhalten. In Wirklichkeit handelt es sich um eine falsche Propriozeption. Der Körper glaubt, er befinde sich in einem anderen physischen oder chemischen Zustand als dem, in dem er sich tatsächlich befindet. Es ist, als ob der Körper eine Landkarte lesen würde. Wenn er etwas ändern will, schaut er auf die Karte und sagt: „Oh, wir sind in Texas und wollen nach Kalifornien. Wir müssen hier lang." Wegen des Medikaments oder der Chemikalie denkt der Körper, er sei in Texas, obwohl er eigentlich in New York ist. Um nach Kalifornien zu gelangen, muss er einen völlig anderen Weg einschlagen, doch das weiß er nicht. Infolgedessen produziert er Chemikalien, die völlig anders sind als jene, die für das gewünschte Ergebnis erforderlich sind.

Das ist das Problem bei der Einnahme von Medikamenten jeglicher Art und bei der Verabreichung an Tiere. Sie verändern die chemische Beschaffenheit des Körpers. Ich habe einmal einer Dame ein Pferd verkauft, das sich später am Auge verletzte. Sie verabreichte dem Pferd Steroide und große Mengen an Antibiotika, was zu allen möglichen Veränderungen im Körper des Pferdes führte. Die Stute verlor an Gewicht und ihr schönes Fell wurde stumpf und struppig. All ihre Haare bekamen Spliss, was bei einem Pferd sehr ungewöhnlich ist. Ich konnte nicht glauben, in welcher Verfassung sie war, als ich sie sah. Das Fell dieses Pferdes war so glatt und schön gewesen, dass es im Winter aussah, als hätte es ein Sommerfell. Ich sagte der Frau, das Pferd sei nicht in der besten Verfassung und sie müsse ihm Probiotika geben und sein Immunsystem stärken.

Waren all diese Medikamente notwendig, damit sich das Pferd von seinem Augenleiden erholen konnte? Vielleicht ja. Ich hätte es wohl anders gemacht. Als Erstes hätte ich das Pferd gefragt, was es braucht. Tiere wissen, was sie brauchen. Es ist erstaunlich, was man alles in Erfahrung bringen kann, wenn man sie fragt!

Ein Corgi mit Hautproblemen

In einem unserer Tierworkshops arbeiteten wir mit einer jungen Corgi-Hündin, die Probleme mit ihrer Haut hatte. Ihre Besitzerin erzählte uns, im Winter gehe es der Hündin gut, aber im Frühjahr beiße sie sich unablässig an ihren Füßen und anderen Körperteilen. Die Besitzer hatten schon alles Mögliche versucht. Sie hatten ihr Futter umgestellt und ihr das Antihistaminikum-Spray Benadryl gegeben. Das Benadryl hatte eine falsche Version der Propriozeption erzeugt, die durch positive und negative Ionen, aktiviert durch freie Radikale, aufrechterhalten wurde. Das Clearing, das wir verwendeten, lautete:

Alles, was irgendeine Art von chemischer Version der falschen Propriozeption in der Zellstruktur deines Körpers erzeugt, zerstörst und unkreierst du all das? Right and wrong, good and bad, POD and POC, all 9, shorts, boys, POVADs and beyonds.

Die Besitzerin des Hundes fragte, ob sie aufhören solle, ihren Hund mit Antihistaminika zu besprühen, und ich sagte ihr, das sei nicht nötig, dass sie jedoch diesen Prozess weiterhin bei ihrem Hund anwenden solle, und wenn sie das tue, brauche ihr Hund die Antihistaminika vielleicht nicht mehr so oft. Ich schlug ihr vor, den Hund zu fragen: „Brauchst du das - oder brauchst du etwas anderes?"

Übrigens wirst du, während du diese Clearings in diesem Buch liest, vielleicht bemerken, dass dein Körper reagiert. Das ist durchaus nicht ungewöhnlich. Dein Körper klärt vielleicht die Dinge, über die wir sprechen, während du liest, denn diese Prozesse laufen auch bei dir, nicht nur bei deinem Tier.

Kapitel fünfzehn

Dreifache Sequenzsysteme

Eine Dame brachte ihre getigerte Katze zu einem unserer Workshops mit und sagte, sie habe ständig Schmerzen. Sie sagte, die Katze könne kaum auf die Couch springen und sie habe versucht, MTVSS bei ihr zu machen, aber die Katze, die normalerweise eine totale Schmusekatze sei, bliebe nur für etwa zehn Sekunden da und liefe dann weg. Sie wolle kein MTVSS.

Wenn man den falschen Prozess bei einem Tier macht, wird es das nicht mit sich machen lassen. Das ist eines der großartigen Dinge an dieser Arbeit. Wenn man das Falsche tut, geht das Tier weg. Es ist die falsche Energie. Sie verschafft dem Tier keinerlei Wohlbefinden. Es sagt: „Mir reicht's. Du liegst falsch."

Ich wollte wissen, wie die Katze zu ihr gekommen war. War sie vor ihrer Haustür aufgetaucht und hatte sie ausgewählt – oder war sie als Kätzchen zu ihr gekommen? Die Dame sagte, sie sei einfach eines Tages bei ihr zu Hause aufgetaucht. Wenn ein Tier uns zuläuft, will es normalerweise etwas von uns. Vielleicht ist es eine von uns erzeugte Energie, die dem Tier ein Maß an Freiheit ermöglicht, das es anderswo nicht hat. Als die Besitzerin von ihrer Katze erzählte, kam mir der Gedanke, dass der Katze etwas zugestoßen sein musste, bevor sie sie bekam.

Als ich ihr das mitteilte, sagte sie: „Als du das gesagt hast, Gary, hatte ich das Bild vor Augen, wie die Katze aus einem Auto geworfen wird. Wir leben auf dem Land, und die Leute in der Gegend scheinen zu denken, sie könnten ihr Tier einfach auf dem Land aussetzen, wenn sie es nicht mehr wollen, und es sich selbst überlassen. Alle unsere Nachbarn haben Hunde, also tauchen die Katzen oft bei uns auf." Ich ließ das Clearing Statement auf allen Gedanken, Gefühlen und Emotionen laufen, die dem Trauma unmittelbar vorausgingen. Dann fragte ich, ob die Katze MTVSS, Zellgedächtnis oder Dreifache Sequenzsysteme wolle. „Dreifache Sequenzsysteme", lautete die Antwort.

Der Prozess Dreifache Sequenzsysteme wird eingesetzt, wenn Menschen oder Tiere immer wieder zu einem traumatischen Ereignis zurückkehren und es so erleben, als wäre es erst gestern passiert. Sie stecken dort fest. Sie scheinen nie darüber hinwegzukommen. Es ist, als würde es immer wieder passieren. Bei Menschen äußert sich das als posttraumatische Belastungsstörung. Ich kannte einen Mann, der zehn Jahre nach einem Autounfall immer noch sagte: „Ich hatte gestern einen Unfall." Er geriet in eine Endlosschleife und baute den Unfall immer wieder. Es schien ihm, als sei er gerade eben erst passiert. Der Prozess Dreifache Sequenzsysteme eignet sich besonders gut für Menschen, die eine Schocktherapie hinter sich haben, für Tiere, die schwer traumatisiert sind, für Menschen, die Kriege oder Unfälle erlebt haben, oder für Menschen, die einen geliebten Menschen verloren haben.

Ich fragte den Sohn des Katzenbesitzers, der ebenfalls an dem Tierworkshop teilnahm, ob er Dreifache Sequenzsysteme an der Katze ausprobieren wolle, und er willigte ein. Ich bat ihn, seine Hände dort auf den Körper der Katze zu legen, wo es sich am besten anfühlte. Ich legte meine Hände auf seine und bat ihn, die Energie zu fühlen.

Dreifache Sequenzsysteme: Anwendung

Ich sagte: *Dreifache Sequenzsysteme und alles, was diesen ermöglicht zu existieren, right and wrong, good and bad, POD and POC, all 9, shorts, boys, POVADs and beyonds ...* Ich wiederholte dieses Clearing so lange, bis der Prozess zu laufen begann. Du musst einfach nur das Clearing sagen, dann weiß das Tier, was es von dir will, und die Energie beginnt zu arbeiten. Wenn du dir das Clearing nicht merken kannst, kannst du einfach sagen: „All das, was Gary sagen würde." Das funktioniert auch.

Sobald du eine dieser Energien und Handauflege-Prozesse erfahren hast, wird die Energie in dem Moment, in dem du deine Hände auf ein Tier legst, zu wirken beginnen, und das Tier wird sich das nehmen, was es von dir braucht. Du musst so gut wie nichts sagen, weil der Körper des Tieres sagen wird: „Genau das will ich." Du legst deine Hände auf das Tier, und der Prozess beginnt.

Dreifache Sequenzsysteme bei Capri

Wir arbeiteten mit Capri, einer wunderschönen Stute, halb Holsteiner, halb Vollblut, die bereits mit sechs Jahren auf Turnieren startete. Zu einem bestimmten Zeitpunkt ihrer Karriere stürzten sie und ihr Reiter beim Springen hintenüber. Wenn ein Pferd durchgeht oder stürzt, ist das ein großer Schock in seinem Universum. Es fällt nicht gerne – und es mag es erst recht nicht, wenn es hintenüberfällt.

90 Prozent der Fälle, in denen ein Pferd hintenüberfällt, sind auf den Reiter zurückzuführen.

Als Folge des Unfalls entwickelte Capri ein Problem mit ihrem Oberschenkelknochen in der Hüfte und konnte nicht mehr geritten werden, weil sie zu starke Schmerzen hatte. Wann immer jemand versuchte, sie zu reiten, kehrte sie zu dem Springunfall zurück. Sie war sicher, dass es wieder in einer Katastrophe enden würde.

Ich erkannte sofort, dass Capri nach ihrem Unfall nicht gerade gut behandelt worden war und dass viele Projektionen, Erwartungen, Abtrennungen, Bewertungen und Zurückweisungen an sie herangetragen worden waren. Wir entfernten diese und arbeiteten dann mit dem Prozess Dreifache Sequenzsysteme, was viel Bewegung in ihren Rücken und ihre Wirbelsäule brachte. Während wir an ihr arbeiteten, hob sie immer wieder ihre Beine an und es wirkte, als würde sie treten – aber in Wirklichkeit streckte sie ihre Hüfte, damit diese sich wieder an ihren Platz zurückschieben konnte.

Dann bewegte ich meine Hand zu ihrer Hüfte, in der so viel Energie aufgestaut war, und sie atmete tief ein und sagte: „Gott sei Dank berührt jemand die richtige Stelle." Dreifache Sequenzsysteme lief gut. Es gab viele Entladungen, denn sie war lange Zeit energetisch blockiert gewesen.

Nach etwa 20 Minuten hatte sie genug und ich bat ihre Trainerin, ein wenig mit ihr umherzugehen. Es war klar, dass sie noch viel mehr Arbeit an ihrer Hinterhand brauchte, aber sie war auch schon etwas lockerer geworden. Ich war zuversichtlich, dass sie viel mehr Freiheit in dem verletzten Bereich gewinnen würde, wenn jemand alle paar Tage Dreifache Sequenzsysteme bei ihr laufen lassen würde.

Tiere sind telepathisch

Mit dem Trauma eines Unfalls zurechtzukommen ist schon schlimm genug für ein Tier, aber wenn es in eine traumatische Situation gerät und dann noch etwas auf es projiziert oder es schlecht behandelt wird, bleibt es in diesem Ereignis stecken. Tiere schnappen die Gedanken, Gefühle und Emotionen ihrer Umgebung auf, weil sie telepathisch sind. Sie handeln auf einer Ebene, die nichts mit dem Intellekt zu tun hat; stattdessen nehmen sie alles auf, was wir über sie denken. Sie benutzen keine Worte zur Kommunikation. Ihre Kommunikation erfolgt telepathisch. Wenn du in deinem Universum Angst verspürst, nehmen sie das sofort wahr, werden ängstlich und handeln und reagieren entsprechend.

Es ist wichtig, daran zu denken, besonders wenn du junge Pferde ausbildest. Wenn du ihnen eine gute Basis gibst und sie mit Güte behandelst, werden sie dir vertrauen und du kannst sie mit Bestimmtheit einreiten (= engl. break = brechen). „Brechen" ist ein schlechter Ausdruck, aber so gehen die meisten Menschen mit Pferden um. Sie versuchen, den Willen des Pferdes zu brechen. Aber du musst seinen Willen nicht brechen. Wenn du bereit bist, anzuerkennen, dass es telepathisch mit dir kommuniziert, wirst du genau wissen, was du mit ihm tun musst.

Daran werde ich immer wieder erinnert, wenn wir unsere einwöchigen Workshops in Costa Rica machen, wo es eine wunderbare Pferderasse namens Pasos gibt. Es ist eigentlich eine Kreuzung aus einem peruanischen und einem andalusischen Pferd. Diese Pferde haben einen sanften Gang und sind Frohnaturen. Sie werden sehr langsam eingeritten und mit großer Umsicht behandelt. Die meisten Menschen in den USA nehmen einen Hengst aus dem Stall, legen ihm einen Sattel auf und steigen auf, ohne ihn auch nur im Schritt herumzuführen oder zu dehnen. Die Costa-Ricaner würden das mit ihren Pasos nie tun.

Die Pasos werden als Arbeitspferde eingesetzt, denn in Costa Rica wird alles unter dem Aspekt getan, dass ein Pferd ein Arbeitstier ist. Ich habe in Costa Rica schon Leute gesehen, die mit einer zwei Meter langen Kettensäge auf dem Rücken eines Pferdes einen Weg entlang geritten sind. Das ist dort für ein Pferd normal. Die Pferde sind an Arbeit gewöhnt, und die Menschen behandeln sie sehr gut. Sie arbeiten sechs Monate lang mit einem Pferd, bevor sie ihm Zaumzeug anlegen. Sie gehen sehr fürsorglich mit den Pferden um. Das ist ein großartiges Vorbild für uns, wie wir unsere Tiere behandeln sollten.

Kapitel sechzehn

Probleme mit Schaltkreisen

Wir haben Schaltkreise, die Informationen durch unseren Körper leiten. Informationen aus dem Körper gehen über Schaltkreise an das Gehirn und von dort an den Körper. Manchmal gibt es statt eines perfekten Kommunikationssystems in unserem Körper eine Störung in einem Schaltkreis. Das ist wie ein Aussetzer bei der Kommunikationsverbindung. Wenn ein Schaltkreis nicht richtig funktioniert, funktioniert der Körper nicht so, wie er sollte oder könnte. Wenn zum Beispiel ein Schaltkreis gekappt oder unterbrochen ist, muss der elektrische Impuls, der die Informationen transportiert, einen Weg finden, um den unterbrochenen Schaltkreis zu umgehen. Selbst wenn die Nerven und Muskeln intakt sind, ist manchmal der energetische Schaltkreis in einem Bereich unterbrochen oder verändert, und der Körper muss einen neuen energetischen Schaltkreis aufbauen, bevor etwas anderes heilen kann.

Schaltkreise können geschlossen, überkreuzt, nicht aktiviert, kurzgeschlossen oder offen sein. Offene Schaltkreise sind wie kurzgeschlossene Schaltkreise. Sie schließen und öffnen sich nicht so, wie sie sollten, was dazu führt, dass die normale Funktionsweise des Körpers durcheinandergerät. Es gibt auch ersatzgeschaltete Schaltkreise. Sie entstehen, wenn elektrischer Strom versucht, durch ein kleineres Element zu fließen, das nicht die Kapazität hat, ihn zu leiten, oder wenn sich eine kleine elektrische Leitung plötzlich ausdehnt und zu einer großen elektrischen Leitung wird. Dies geschieht manchmal plötzlich und aus bisher ungeklärten Gründen. Ersatzgeschaltete Schaltkreise können bei Tieren und Menschen Krampfanfälle auslösen.

Traumata aller Art, insbesondere Operationen, können zu Unterbrechungen der Schaltkreise führen. Es ist sehr wichtig, an den Schaltkreisen zu arbeiten, wenn ein Tier oder ein Mensch einen Eingriff hatte, denn wenn sie durchtrennt werden, werden die elektrischen Leitungen unterbrochen und der Körper muss neue Kommunikationswege mit diesem Körperteil finden. Wenn man einen Handauflege-Prozess auf den Schaltkreisen macht, kann der Körper die Schaltkreise sehr schnell wiederherstellen.

Ein Arzt in Florida, der Faceliftings durchführt, lässt Access-Practitioner während und nach operativen Eingriffen Handauflege-Prozesse machen. Er berichtet, dass die Menschen sehr schnell heilen und enorme Heilerfolge haben. Man kann bei jedem Menschen nach einer Operation Handauflege-Prozesse auf den Schaltkreisen machen, und die Heilung kann innerhalb von Tagen und nicht erst nach Wochen oder Monaten erfolgen.

Schaltkreise: Behandlung bei Tieren

Wenn die Körperfunktionen eines Tieres nicht intakt sind oder sein Körper in einer bestimmten Situation nicht einwandfrei reagiert, liegt das Problem häufig bei den Schaltkreisen. Dies gilt insbesondere für Tiere, die in irgendeiner Weise verletzt wurden. Wenn sie anscheinend nicht über die nötige Koordination verfügen, um etwas zu tun, kann die Arbeit an ihren Schaltkreisen äußerst hilfreich sein.

Wir haben mit einer Hündin gearbeitet, die Probleme mit ihrem Gehör entwickelte, nachdem sie angefahren worden war. Es schien mir, als habe sie Probleme mit ihrem Schaltkreis. Als ich sie fragte, ob dies der Fall sei, lautete die Antwort Ja. Um dies zu beheben, gingen wir zu der Stelle, an der der Schaltkreis unterbrochen worden war. Ich verwendete das folgende Clearing: *Alle Schaltkreise, die in ihren Ohren Schwierigkeiten verursachen, zerstören und unkreieren wir all das? Right and wrong, good and bad, POD and POC, all 9, shorts, boys, POVADs and beyonds.*

Ein Quarter Horse mit Cushing-Syndrom

In einem unserer Tierkurse arbeiteten wir mit einer Quarter Horse-Stute, die unter dem Cushing-Syndrom litt, einer Erkrankung, die auf eine Fehlfunktion der Hypophyse zurückzuführen ist. Ich fragte: „Stimmt etwas mit den Schaltkreisen nicht, was verhindert, dass die synaptischen Reaktionen im Gehirn die Hypophyse korrekt steuern?" Die Antwort lautete Ja.

Ich arbeitete an ihren Schaltkreisen und sagte: *All die kurzgeschlossenen Schaltkreise, überkreuzten Schaltkreise, geschlossenen Schaltkreise, offenen Schaltkreise, nicht aktivierten Schaltkreise und vor allem die ersatzgeschalteten Schaltkreise, die das Cushing-Syndrom in ihrem Körper hervorrufen, zerstören und unkreieren wir das bitte alles? Right and wrong, good and bad, POD and POC, all 9, shorts, boys, POVADs and beyonds.*

Offensichtlich funktionierten bei ihr viele Schaltkreise nicht richtig, und dieser Prozess erzeugte ziemlich viele energetische Entladungen. Wir ließen auch laufen: *All die Schaltkreise in deinem Körper, die es deinen Hormonsystemen nicht erlauben, richtig zu funktionieren, zerstören und unkreieren wir all das? Right and wrong, good and bad, POD and POC, all 9, shorts, boys, POVADs and beyonds.*

Normalerweise ändert sich das Verhalten des Tieres, sobald man das Problem mit dem Schaltkreis behebt. Das hat sich als ziemlich effektiv erwiesen. Etwa 70 Prozent der Tiere mit Epilepsie oder anderen Arten von Anfällen haben sie durch die Arbeit an den Schaltkreisen überwunden. Zurzeit arbeiten wir an den Schaltkreisen einiger Menschen, die unter Krampfanfällen leiden, und hoffen, dass sie nach der Behandlung keine Anfälle mehr haben werden.

Kapitel siebzehn

Genetische Defekte

In einem unserer Tierworkshops arbeiteten wir mit Tula, einer Mops-Hündin, deren Zunge so lang war, dass sie nicht in ihr Maul passte. Sie hing aus ihrem Maul heraus und schleifte fast über den Boden. Sie hatte oft Dreck auf der Zunge. Dies ist ein genetischer Defekt, der durch die kontinuierliche Kreuzung dieser Rasse entstanden ist, damit diese Hunde niedlich aussehen. Im selben Workshop arbeiteten wir auch mit Othello, einem 12 Jahre alten Deutschen Schäferhund, der an Hüftdysplasie litt. Dies ist ein häufig auftretendes Problem bei Deutschen Schäferhunden. Sie wurden so gezüchtet, dass sie ein tiefliegendes Hinterteil haben, aber bei der Züchtung dieses tiefliegenden Hinterteils wurde ihre DNA verändert. Es wurde eine genetische Schwäche hervorgerufen, die die gesamte Rasse beeinträchtigt.

Wenn man mit einer Rasse arbeitet – und das gilt vor allem für Pferde, Hunde und Katzen, bei denen durch Kreuzung eine bestimmte Eigenschaft gezüchtet wurde –, kann man sagen: *Alles, was mit den Erbanlagen der DNA, der RNA, der LNA und der Nukleinsäure-Programmierung, anderen bekannten und unbekannten Programmen und alles, was mit der Erbanlage des Tieres gemacht wurde, um diese Wirkung zu erzeugen, durch alle Zeiten, Räume, Dimensionen und Realitäten, zerstören und unkreieren wir das jetzt? Right and wrong, good and bad, POD and POC, all 9, shorts, boys, POVADs and beyonds.*

Tula

Bei Tula, dem Mops, habe ich gesagt: *Alles, was mit der DNA all dieser Tiere gemacht wurde, um den Effekt „ihres Aussehens" zu erzielen, alles, was jegliche Behinderung bei ihr erzeugt, zerstören und unkreieren wir das jetzt in ihrer gesamten Erblinie? Right and wrong, good and bad, POD and POC, all 9, shorts, boys, POVADs and beyonds.*

Nehmen wir nun all diese niedlichen, kleinen Tiere hier, die Hunde und Katzen, und alles, was getan wurde, um ihr Bewusstsein auszulöschen und ihnen nicht zu erlauben, in jedem Leben, in jeder Zeit, in jedem Raum, in jeder Dimension und in jeder Realität so bewusst zu sein, wie sie wirklich sind, zerstören und unkreieren wir all das jetzt? Right and wrong, good and bad, POD and POC, all 9, shorts, boys, POVADs and beyonds.

Othellos Hüftdysplasie

Als Erstes ging ich bei Othello die Veränderung seiner Erblinie an. Ich sagte: *Alles, was genetisch gemacht wurde, um Deutsche Schäferhunde so zu verändern, dass sie dieses tiefliegende Hinterteil haben, was bei diesem Hund zu Hüftdysplasie führt. Alles, was an der gesamten Erblinie gemacht wurde, um diesen Effekt zu erzeugen, und all die DNA, RNA, LNA, Nukleinsäuren-Programmierung, andere bekannte und unbekannte Programme, die das hervorrufen, zerstören und unkreieren wir das alles? Right and wrong, good and bad, POD and POC, all 9, shorts, boys, POVADs and beyonds.*

Das lief eine ganze Weile, da es nicht nur bei Othello lief; es wirkte sich auf die gesamte Erblinie aus.

Wechselseitige Dimensionalitäten bei Othello

Dann nannte ich eine Reihe von Prozessen - Quadratwurzel von Minus Eins, Wechselseitige Dimensionalitäten, MTVSS und Zellgedächtnis - und bat die Teilnehmer, sich auf die Energie einzustimmen und den Prozess auszuwählen, der am meisten zur Verbesserung von Othellos geschwächtem Rücken und seiner Wirbelsäule beitragen würde. Sie sagten: „Wechselseitige Dimensionalitäten". Dieser Prozess hilft, das zu zerstören und zu unkreieren, was einem Tier in seiner Erblinie angetan worden ist.

Zwei Personen legten ihre Hände behutsam auf Othello und begannen mit dem Prozess Wechselseitige Dimensionalitäten. Othello ließ sich sofort nieder, und seine Augen schienen zu sagen: „Oh mein Gott, das fühlt sich gut an. Macht einfach weiter." Wenn beim Prozess Wechselseitige Dimensionalitäten das, was die Wirkung im Körper aus anderen Leben und anderen Dimensionen erzeugt, immer noch aktiv ist, stellen wir oft fest, dass das Tier diese Beschwerden schon in einem anderen Leben hatte. Dies war bei Othello der Fall.

Nach kurzer Zeit stand er auf und lief herum, und es war offensichtlich, dass er mehr Kraft in seinen Hüften hatte als zu Beginn unserer Arbeit. Tommy, sein Besitzer, sagte: „Wow, er hat wieder viel mehr Kraft!" Wir ließen auch MTVSS auf Othellos Hüften laufen und zeigten Tommy, wie man es macht, damit er zu Hause weiter an Othello arbeiten konnte, um die Beschwerden zu beheben und zu verändern.

Während wir MTVSS auf Othello laufen ließen, sagte Tommy plötzlich: „Da fällt mir etwas sehr Interessantes ein. Mir wurden vor ein paar Jahren beide Hüften ersetzt. Vielleicht hat Othello mein Problem übernommen!" Ich sagte: *All die Surrogate, die Othello für dich betreibt, um dir deinen Schmerz zu nehmen, zerstören und unkreieren wir alles, was er für dich übernommen hat? Right and wrong, good and bad, POD and POC, all 9, shorts, boys, POVADs and beyonds.*

Dann ließen wir einige Leute MTVSS auf Tommys Hüften machen und bemerkten, dass Othello dabei sogar noch entspannter aussah und seine Hinterhand kraftvoller wirkte und startklar zu sein schien. Auch bei Tommy zeigte sich ein gutes Ergebnis. Er sagte: „Ich habe gemerkt, dass mein unterer Rücken wirklich mit meinen Hüften verbunden ist", was uns zeigte, dass die Energie, die in seinen Hüften blockiert war, freigesetzt wurde. Nach einer Operation kann es sein, dass wir den Rest unseres Lebens damit verbringen, uns vor den Schmerzen zu schützen, die wir zum Zeitpunkt der Operation hatten. Dadurch wird die Energie in unserem Körper eingeschlossen. Ich sagte Tommy, dass sein Körper sich wieder normal anfühlen würde, wenn er MTVSS auf seinem Scheitel und seinem Perineum laufen ließe, und dass MTVSS auf seiner Wirbelsäule dazu beitragen würde, seine Flexibilität zu erhöhen. Ich empfahl ihm auch Zellgedächtnis für seine Hüften, seinen Rücken und seine Wirbelsäule, um mehr Flexibilität zu entwickeln.

Kapitel achtzehn

Anaphylaktischer Schock und Quadrat der Lockerung

Wenn ein Muskel überlastet oder überanstrengt ist, kann er sich verkrampfen und blockieren. Wenn dies geschieht und er nicht den benötigten Sauerstoff erhält, kann der Muskel einen anaphylaktischen Schock erleiden. Das kann bei Pferden passieren, wenn sie zu sehr strapaziert wurden. Die Muskeln sind verkrampft und zittern, und das Pferd muss herumgeführt werden, manchmal stundenlang. Es kann sogar sterben, wenn es nicht herumgeführt wird. Als ich als Pferdepfleger arbeitete, habe ich einmal ein Pferd sieben Stunden lang herumgeführt, bis der ganze Stress aus seinem Körper verschwunden war und es sich entspannen konnte.

Manchmal wird von Pferden immer und immer wieder das Gleiche gefordert, bis ihre Muskeln ein Muster bilden und sie nicht mehr richtig arbeiten können. Nehmen wir an, sie haben sich ein wenig am Rücken verletzt und beginnen, ihn zu schonen. Anstatt sich aufzurichten und auf diese wunderbare Weise zu galoppieren, die sich gut anfühlt, entwickeln sie eine unbeholfene, ungelenke Art der Bewegung, die so unangenehm ist, dass man sie gar nicht reiten möchte. Sie geben ihr Bestes, aber auf einer Seite ist ein Muskel verletzt und chronisch verspannt. Sie halten den Muskel zum Schutz angespannt, sodass sich das Gelenk nicht mehr richtig bewegen kann. Das bedeutet, dass der Muskel auf der anderen Seite chronisch nicht angespannt sein muss. Sie sind im Ungleichgewicht; eine Seite ist „aus" und die andere Seite ist „an".

Der Mensch reagiert ähnlich. Hast du schon einmal jemanden mit unglaublich verspannten Schultern gesehen? Die Muskeln sind ständig kontrahiert und verlieren tatsächlich die Fähigkeit, sich zu entspannen. Sie sind in einem dauerhaften Schockzustand.

Man kann diese Haltungsmuster des Ungleichgewichts durch die Prozesse Anaphylaktischer Schock und Quadrat der Lockerung beseitigen. Ein Chiropraktiker müsste jemanden wochen-, monate- oder jahrelang behandeln, um diese Muster zu lösen, aber mit diesen Prozessen erfahren Menschen und Tiere fast sofortige Linderung. Bei Quadrat der Lockerung werden im wahrsten Sinne des Wortes die vier Punkte gelöst, die den Muskel in einer kontrahierten Position festhalten. Technisch ausgedrückt, löst Quadrat der Lockerung die Aktin- und Myosinfilamente, die es dem Muskel nicht erlauben, sich zu entspannen. Wenn man Anaphylaktischer Schock und Quadrat der Lockerung gleichzeitig anwendet, können die Beschwerden verschwinden.

Ein anaphylaktischer Schock kann auch durch die Bewertungen anderer Menschen oder auferlegte Ansichten ausgelöst werden, insbesondere bei Tieren. Wenn Menschen beispielsweise in einer missbräuchlichen Beziehung oder Situation sind oder wenn ihnen jemand ständig sagt, dass sie falsch oder nicht gut genug sind, können sie das Gefühl bekommen, sich auf einen Kampf vorbereiten zu müssen. Dies führt zu einer Blockade im Körper, bei der die Person ständig einen erhöhten Adrenalinspiegel hat.

Anaphylaktischer Schock und Quadrat der Lockerung: Anwendung

Wenn der Körper eines Tieres bereit ist, diesen Prozess zu empfangen, muss man der Energie folgen und seine Hände dorthin legen, wo der Körper sie braucht. Nehmen wir an, die Beinmuskeln eines Sportlers sind sehr angespannt. Dann würde man eine Hand auf die Hüfte und die andere auf den Fuß legen, nicht nur dort, wo die Verspannung ist, denn die Energie muss sich über die gesamte Länge der Gliedmaßen bewegen, um das gewünschte Ergebnis zu erzielen. Wenn man an einem wirklich großen Tier wie einem Pferd arbeitet, braucht man oft zwei Personen, um den Prozess laufen zu lassen.

Zur Behandlung eines Karpaltunnelsyndroms legt man eine Hand auf den Nacken und die andere auf die Hand des zu Behandelnden. Wir haben gesehen, wie Menschen mit wiederkehrenden Belastungsschäden wie dem Karpaltunnelsyndrom innerhalb von 45 Minuten durch die Anwendung von Anaphylaktischer Schock und Quadrat der Lockerung und MTVSS geheilt wurden. Das sollte eigentlich nicht möglich sein, aber es passiert oft bei Menschen, die wir behandeln. Sage einfach: *Anaphylaktischer Schock und Quadrat der Lockerung*, gefolgt vom Clearing Statement. Halte die Hände so lange dort, bis du spürst, dass die Energie sich löst.

Mit Anaphylaktischer Schock und Quadrat der Lockerung werden Tiere in ihrem eigenen Körper präsenter. Es ist, als ob das Tier sagt: „Ah, das ist so viel angenehmer." In einem unserer Kurse arbeiteten wir mit einer wunderschönen Stute, die dazu neigte, ziemlich hektisch zu werden. Wir baten eine Kursteilnehmerin, die sehr ruhig und gelassen war, mit ihr zu arbeiten. Ich bat die Frau, immer wieder einen Ort des Friedens im Kopf des Pferdes und in ihrem eigenen Kopf zu erschaffen, und das Pferd begann sich völlig zu entspannen. Sein Kopf nahm eine entspannte Haltung ein, und wenn Pferde schnurren könnten, hätte es geschnurrt.

Arbeit mit einem Handpferd

Wir haben Anaphylaktischer Schock und Quadrat der Lockerung bei einem Quarter Horse angewendet, dessen Fraktur im rechten Huf nie richtig verheilt war. Der Tierarzt erklärte dem Besitzer, dass das Pferd die Schmerzen in seinem rechten Vorderhuf kompensierte und dadurch ein Problem mit seiner linken Hinterhand entstand, die es die ganze Zeit hochhielt. Das Pferd hatte als Handpferd auf der Galopprennbahn gearbeitet. Ein Handpferd ist ein ruhiges, entspanntes, gelassenes Pferd, das mit Vollblütern auf der Rennbahn arbeitet, um sie ruhig zu halten, denn Vollblüter sind temperamentvoll und unberechenbar. Die Vollblüter rempeln die Handpferde oft an, was für diese sehr belastend sein kann. Dieses Pferd hatte möglicherweise eine diagonale Belastung, weil es den von den Vollblütern ausgeübten Druck kompensierte.

Wenn ein Bruch nicht heilt, kann man den Heilungsprozess nur dann in Gang bringen, wenn man zum Punkt der Kreation der Gedanken, Gefühle und Emotionen geht, die dem Trauma, das den Bruch verursacht hat, unmittelbar vorausgingen. Das war das Erste, was wir mit dem Handpferd machten. Als Nächstes entfernten wir die Projektionen und Erwartungen, die auf das Pferd projiziert worden waren. Auf Handpferde werden ständig Dinge projiziert, wie „zu alt“ oder „zu hässlich“.

Dann arbeitete ich mit einer Kursteilnehmerin daran, Anaphylaktischer Schock und Quadrat der Lockerung beim Handpferd anzuwenden. Ich ließ sie eine Hand auf die Schulter des Pferdes legen und die andere auf den Rücken, direkt hinter dem Widerrist (dem Knochen, an dem die Mähne endet), wo wir die blockierte Energie in seinem Körper spüren konnten. Während wir Anaphylaktischer Schock und Quadrat der Lockerung laufen ließen, stieß das Pferd einen tiefen Seufzer aus, und wir spürten eine enorme Veränderung seiner Energie. Plötzlich entspannte es sich. Wir wussten, dass es jetzt vielleicht wirklich in der Lage war, den Bruch zu heilen.

Quadratwurzel von Minus Eins beim Handpferd

Dann legte ich meine Hände auf das Handpferd und fragte: „Was muss ich für dich tun?" Die Antwort lautete Quadratwurzel von Minus Eins, ein Prozess, den wir normalerweise bei Menschen anwenden - nicht bei Pferden. Manchmal, wenn man Anaphylaktischer Schock und Quadrat der Lockerung durchgeführt hat, kann es sein, dass man Quadratwurzel von Minus Eins auch braucht, aber das ist nicht immer der Fall.

Ich begann mit Quadratwurzel von Minus Eins, und das Freisetzen der Energie verursachte eine Menge Zuckungen. Es war wie ein elektrischer Schlag, der freigesetzt wurde. Wir konnten buchstäblich sehen, wie die Wirbelsäule des Pferdes auf den Prozess reagierte. Sie hatte sich über die Muskeln gehoben, und als wir den Prozess machten, fügte sie sich wieder in die Muskeln ein.

Quarter Horse-Pferde sollen einen bestimmten Körperbau haben. Sie neigen dazu, hinten etwas höher und vorne etwas niedriger zu sein, und sie sind etwas stämmiger als andere Pferde. Sie sind die Mesomorphen des Pferdeuniversums. Normalerweise ist die Linie vom Widerrist bis zu der Stelle, an der die Hüftknochen auf die Wirbelsäule treffen, gerade. Dieses Pferd hatte einen leichten Senkrücken, was für ein Quarter Horse ungewöhnlich ist. Ich hatte den Eindruck, dass da etwas vorgefallen sein musste, das diese Form der körperlichen Einschränkung bei ihm hervorgerufen hatte.

Manchmal sieht man solche körperlichen Einschränkungen auch bei Menschen. Sie stehen vielleicht mit einer verschobenen Hüfte und einem gebeugten Bein. Ihre Wirbelsäule hat sich tatsächlich verschoben, um ihre Verletzungen zu kompensieren.

Quadratwurzel von Minus Eins löst das oft – also dachte ich, das könnte auch bei diesem Pferd funktionieren.

Als ich meine Hände auf das Pferd legte, verlagerte es sein Gewicht auf alle vier Hufe – ein sehr gutes Zeichen – und seine ganze Erscheinung veränderte sich. Anstatt diagonal belastet zu sein, seinen Körper zu verdrehen und zu kompensieren, um das Gewicht von bestimmten Bereichen zu nehmen, stand es nun bequem aufrecht auf allen vier Hufen.

Als ich Quadratwurzel von Minus Eins weiterlaufen ließ, wich es zurück und sprang zur Seite. Plötzlich kam Schmerz ins Spiel. Wahrscheinlich hatte es sich den Senkrücken zugelegt, um den Schmerz von seiner Wirbelsäule abzuwenden. Bei diesen Prozessen muss man wachsam sein, denn manchmal reagieren die Tiere sehr plötzlich. Man muss darauf vorbereitet sein, sich schnell zu bewegen, denn der Schmerz kann kurzzeitig wieder auftauchen, und das Pferd könnte versuchen, einen zu treten oder etwas zu tun, um dem Schmerz zu entkommen. Genau das ist bei diesem Pferd passiert. Aus dem Bereich, in dem seine Wirbelsäule erstarrt war, kam eine Menge Energie. Die Muskeln zuckten und veränderten sich, als seine Wirbelsäule begann, sich in die umliegenden Muskeln einzufügen. Sein Rücken begann, merklich anders auszusehen. Ich würde sagen, sein Senkrücken war um 50 Prozent zurückgegangen und die Wirbelsäule fühlte sich deutlich flexibler an.

Diese Art von Veränderungen verblüffen mich, denn ich weiß nie, was sich zeigen wird, wenn ich mit der Arbeit an einem Tier beginne. Ich habe keine Ansicht über das, was passieren soll. Ich mache einfach nur den Prozess. Als ich Quadratwurzel von Minus Eins laufen ließ, schaltete ich einfach die Energie im Körper des Pferdes ein. Die Energie strömte durch seinen Körper und ging aus meinem hinaus. Ich war nur ein Vehikel oder ein Kanal. Irgendwann begann das Pferd, sich von mir wegzubewegen. Mehr wollte es nicht. Als es sich entfernte, konnten wir alle sehen, dass sein Rücken ein wenig beweglicher geworden war. Er war nicht mehr ganz so steif wie zu Anfang.

Donny

In einem Tierkurs arbeiteten wir mit Donny, einem Holländischen Warmblut, der als Springpferd seine höchste Wettbewerbsklasse gewonnen hatte. Er hatte mehrere Bänder- und Sehnenverletzungen an beiden Seiten seiner Vorderbeine, und als wir ihn auf der Weide beobachteten, wenn er spielte oder bockte, war es offensichtlich, dass er seine Vorderhand sehr stark belastete. Er knallte einfach auf. Man konnte fast spüren, wie die Erde bebte. Donny hatte sich gerade von einer Verletzung erholt, die ihn für drei Monate außer Gefecht gesetzt hatte. Seine Besitzerin hatte wieder angefangen, ihn zu reiten, und sie machten Dressur, aber Donny hatte Schwierigkeiten, nicht zu lahmen.

Donny investierte bei der Bewegung sehr viel Energie in den Boden, wahrscheinlich, weil ihn anfangs jemand falsch geritten hatte. Wenn Menschen ein Pferd trainieren, halten sie die Zügel oft zu kurz, um es dazu zu bringen, den Hals zu wölben und einen Effekt zu erzielen, der ihrer Meinung nach elegant aussieht. Es ist sehr gut möglich, dass Donnys Probleme von seinem Ausbilder verursacht worden sind. Ich sagte: *Alles, was ihn blockiert, alles, was man ihm als Jungtier angetan hat, was diesen Effekt hervorgerufen hat, alles, was falsches Training, eine falsche Identifizierung und eine falsche Anwendung seiner Fähigkeiten war, zerstören und unkreieren wir das alles? Right and wrong, good and bad, POD and POC, all 9, shorts, boys, POVADs and beyonds.*

Ich fragte Donny, welchen Prozess er benötigte, und die Antwort lautete: Anaphylaktischer Schock und Quadrat der Lockerung. Drei Kursteilnehmer boten sich an, ihm diesen Prozess zu geben.

Donny war etwas ängstlich. Also positionierte ich die Teilnehmer vorne um ihn herum und zeigte ihnen, wie sie ihre Handflächen auf seinen Körper legen und ihre Ellbogen anwinkeln sollten, damit Donny, wenn er sich auf sie zubewegte, sie ganz natürlich wegschieben konnte und ihnen nicht auf die Füße trat. Wenn man auf diese Weise arbeitet, sollte man seine Knie etwas gebeugt halten, damit man bereit ist, sich wenn nötig zu bewegen. Bei der Arbeit an den Unterschenkeln des Pferdes sollte man sich nicht auf beide Knie niederlassen. Man sollte darauf achten, sich nur auf ein Knie zu hocken, damit man sich schnell bewegen kann, wenn sich das Pferd bewegt.

Nachdem alle um Donny herum positioniert waren und mit Anaphylaktischer Schock und Quadrat der Lockerung begonnen hatten, gab es eine Menge Zuckungen, und der Bereich, in dem Donny sich selbst blockiert hatte, begann sich zu lösen. Er zuckte weiter, als die Energie durch ihn hindurchging und sich löste, und die Leute spürten ein Kribbeln in ihren Händen. Nach einer Weile begann Donny, sich von ihnen wegzubewegen – ein Zeichen, dass er genug hatte. Danach machten wir MTVSS und Zellgedächtnis an der Rückseite seines Beins und an der Rückseite seiner Fessel. Wir wollten den verspannten Bändern die Möglichkeit geben, sich zu dehnen und zu bewegen.

Viele von Donnys Problemen waren darauf zurückzuführen, dass er sich beim Schritt nicht streckte. Sein Reiter hatte energetisch zu viel Gewicht auf seine Vorderhand gelegt. Wenn man ein Pferd wie Donny reitet, darf man seine Energie nicht nach unten drücken, sondern muss sie vom Körper des Pferdes weg nach oben anheben. Als wir mit Donny arbeiteten, begann er seinen ganzen Körper zu bewegen. Sein Gang wurde ausgreifender, was hervorragend war, und seine Schultern begannen sich freier zu bewegen. Er begann, sich zu strecken, und sein Gewicht war gleichmäßiger auf alle vier Beine verteilt. Als wir unsere Arbeit beendet hatten, ließ er uns wissen: „Ich bin bereit für einen Ausritt."

Kapitel neunzehn

Demolekulare Manifestation & Molekulare Demanifestation

Demolekulare Manifestation lässt etwas erscheinen

Bei Demolekulare Manifestation geht es darum, etwas zu erschaffen – oder etwas erscheinen zu lassen. Man spricht mit den Molekülen und bittet sie, zu etwas anderem zu werden. Das klingt ziemlich magisch, aber es ist dir wahrscheinlich schon einmal passiert. Hast du schon einmal etwas verloren? Es ist aus deinem Leben verschwunden und du wolltest, dass es zurückkommt – und es ist wieder aufgetaucht? Du hast es auf demolekulare Weise zurückgeholt. Demolekulare Manifestation ist Kreation. Wir verwenden sie bei Tieren oder Menschen, um ihre Zellstruktur zu verändern, damit sie gesund wird.

Molekulare Demanifestation lässt etwas verschwinden

Wenn du willst, dass etwas verschwindet oder weggeht, demanifestierst du es auf molekularer Ebene. Mit anderen Worten, man bittet die Moleküle, ihre Struktur zu verändern, damit sie zu etwas anderem werden. Molekulare Demanifestation bedeutet, dass man die molekulare Struktur von etwas so verändert, dass es aufhört zu existieren. Molekulare Demanifestation bewirkt, dass Dinge wie Tumore, Arthritis und Kalkablagerungen sich auflösen und weggehen.

Wenn man Molekulare Demanifestation bei Tieren mit Erkrankungen wie Knochenbrüchen oder Arthritis anwendet, kann man damit ziemlich erstaunliche Ergebnisse erzielen. Wir haben Molekulare Demanifestation bei einer achtundzwanzigjährigen Stute gemacht, die aufgrund von Ringbein, einer Knochenwucherung, die am Bein direkt über dem Huf auftritt, lahmte. Dieser Prozess beseitigt den überschüssigen Knochen. Man legt die Hände auf die Stelle und sagt einfach: *Molekular demanifestieren, right and wrong, good and bad, POD and POC, all 9, shorts, boys, POVADs and beyonds*, und wenn du den Prozess einmal angestoßen hast, wird er weiterlaufen. Wahrscheinlich muss man einige Male Demolekulare Manifestation durchführen, um das Pferd an den Punkt zu bringen, an dem das Ringbein vollständig verschwindet, aber bei manchen Pferden reicht es aus, den Prozess einmal anzuwenden, um die Beschwerde zu lindern, und es geht ihnen kontinuierlich immer besser.

Wenn der Tierarzt sagt: „Dein Pferd hat Ringbein", denkt jeder: „Das war's. Mein Pferd wird für immer lahm sein." Diese Art von Projektion oder Erwartung verursacht eine Menge Probleme, weil sie die Beschwerde herbeiführt oder verfestigt. Wenn man mit einem Tier arbeitet, das so etwas wie Ringbein hat, sollte man unter Umständen auch die Projektionen und Erwartungen, die dem Tier auferlegt wurden, entfernen, bevor man Demolekulare Manifestation macht, damit das Tier erkennen kann, dass es eine andere Wahl hat und wählen kann, die Beschwerde zu beheben.

Manche Pferde wählen jedoch, genau wie manche Menschen, ihre Leiden, Krankheiten und Beeinträchtigungen nicht zu überwinden. Manchmal beschließen Pferde, dass sie nicht geritten werden wollen, und sie können Beschwerden wie Ringbein entwickeln, um die Lahmheit aufrechtzuerhalten. Du könntest es mit folgender Frage an das Pferd versuchen: „Würde es deine Meinung ändern, wenn wir dich auf eine bestimmte Art und Weise reiten würden, die zu dir passt?", oder „Könntest du deine Beschwerde überwinden, wenn du den Besitzer hättest, den du dir wünschst?"

Wenn Pferde nicht an einem bestimmten Ort oder nicht im Besitz von jemandem sein wollen, entwickeln sie oft körperliche Beschwerden, damit der Besitzer sie loswerden möchte. Das Problem ist, dass die Besitzer ihre Pferde so sehr lieben, dass sie sie nicht mehr abgeben möchten. Es geht für sie darum, das Pferd zu besitzen, und nicht darum, dass das Pferd eine Wahl hat.

Viele Menschen kaufen ein Pferd und hängen an ihm. Es lahmt, weil es nicht bei ihnen sein will, und dann lassen sie das Pferd einfach auf der Weide stehen und warten, bis es stirbt. Ein Pferd sollte eigentlich die Wahl haben, wem es gehören will. Unter solchen Umständen ist es vielleicht eine gute Idee, ein Pferd zu fragen: „Würdest du gerne eine andere Wahl treffen?" Oder man kann versuchen, das Problem vonseiten des Besitzers anzugehen, z. B. mit einer Frage wie: „Zerstören und unkreieren wir den Standpunkt des Besitzers, dass er dieses Pferd für immer behalten muss?"

Molekulare Demanifestation: Anwendung

Wir haben Molekulare Demanifestation bei Fantasia gemacht, einer Alphastute, die Arthritis in den Knien hatte. Ich gab die Energie dieses Prozesses in die Hände von zwei Workshop-Teilnehmerinnen und bat sie, sie auf alles anzuwenden, was nicht in Fantasias Knie gehörte, sowie auf alles andere in ihrem Körper, was dort nicht hingehörte und ihren Körper daran hinderte, geschmeidig zu sein. Eine der Frauen fragte, ob sie an die Wölbung auf Fantasias Knie denken solle, während sie den Prozess laufen ließ.

Ich sagte: „Behalte einfach deine Hand auf der Wölbung an ihrem Knie und bitte um alles, was dort nicht sein sollte. Richte deine Aufmerksamkeit darauf, alles zu bewegen, was sich in ihrem Körper nicht richtig anfühlt." Ich konnte sehen, dass Fantasia mochte, was sie tat, und dass sie versuchen wollte, ihr zu helfen.

Nachdem wir Molekulare Demanifestation gemacht hatten, zeigte ich den Kursteilnehmern die Energie dessen, eine generierende, gesunde Zellstruktur demolekular zu manifestieren, und bat sie, mit beiden Händen an Fantasias Knie zu arbeiten, um ihr zu helfen, gesunde Knie zu manifestieren. Fantasias Trainerin sagte, sie habe sie noch nie so lange stillstehen sehen. Sie sagte: „Ich habe sie selbst gezüchtet, und sie war immer nervös und fordernd." Das Großartige an dieser Arbeit ist, dass sie das Pferd zur Ruhe bringt. Fantasia, die normalerweise ängstlich und auf der Hut war, sah aus, als würde sie denken: „Oh mein Gott, ich könnte mich jetzt gleich hinlegen und schlafen."

Kapitel zwanzig

Chemische und elektromagnetische Einprägungen

Chemische Einprägung

Wir haben entdeckt, dass der Körper durch chemische Substanzen und Medikamente geprägt werden kann. Die Einnahme großer Mengen von Medikamenten beispielsweise kann das System mit einer bestimmten Energie prägen. Bei unserer vierundneunzigjährigen Freundin Mary war dies der Fall. Sie hatte Medikamente gegen ein Herzleiden eingenommen, aber es schien, als ginge es ihr durch die Medikamente eher schlechter als besser. Ich fragte: „Was zum Teufel ist das?", und es stellte sich heraus, dass es sich um eine chemische Prägung handelte. Mary hatte eine Überdosis eines Medikaments erhalten, sodass es in ihrem Körper das Gegenteil der gewünschten Wirkung erzielte.

Mir scheint, wenn wir zu viel von einer chemischen Substanz bekommen, erzielt das nicht die gewünschte Wirkung, sondern bewirkt eher das Gegenteil des beabsichtigten Ergebnisses. Ich glaube, das ist bei Mary passiert. Durch das Medikament wurde der Energie ihres Wesens und ihres Körpers ein Muster eingeprägt, sodass Mary nicht in der Lage war, bestimmte Elemente, Organe und Strukturen ihres Körpers zu verändern und sie dazu zu bringen, richtig zu funktionieren. Ich machte einen Prozess für chemische Einprägung, und das wirkte sich immens auf ihren Körper aus: Sie sah danach viel besser aus und fühlte sich auch viel besser.

Chemische Einprägungen können durch Rauchen, Alkohol, Drogen aller Art und sogar durch Operationen entstehen. Auch unsere Nahrung kann eine Einprägung in unserem Körper hervorrufen. Der Verzehr bestimmter Lebensmittel kann ein Bedürfnis nach mehr davon auslösen. Pferde werden oft durch Medikamente wie Bute oder Butazolidin, das wie Pferdeaspirin wirkt, oder Ace, ein Beruhigungsmittel für Pferde, chemisch geprägt.

Um Chemische Einprägung bei Tieren laufen zu lassen, fragt man einfach: „Ist dieses Tier chemisch geprägt?“, und wenn ja, lässt man das Clearing Statement laufen.

Elektromagnetische Einprägung

Elektromagnetische Einprägung, die wir auch als magnetische Einprägung bezeichnen, tritt auf, wenn ein Wesen einen Körper einnimmt. Du als Wesen kommst in einen Körper und bringst eine elektrische Ladung mit. Wenn du in den Körper kommst, entsteht ein Magnetismus, der die molekulare Struktur des Körpers verfestigt. Der Elektromagnetismus bindet dich an die Körperform, die du hast.

Wenn in demselben Körper noch ein anderes Wesen ist, entsteht ein Konflikt zwischen den beiden elektromagnetischen Systemen. Wann immer man ein Wesen aus einem Körper entfernt, sollte man auch die elektromagnetische Einprägung entfernen, die es hinterlassen hat, denn sie stört die Fähigkeit des Wesens, eine Verbindung mit seinem Körper herzustellen. Sie kann auch Interferenzen erzeugen, die die Heilung von Körpern behindern. Elektromagnetische Einprägung kann man entfernen, indem man sagt: *Alle elektromagnetischen Einprägungen, die von dem anderen Wesen erzeugt wurden,* und anschließend das Clearing Statement.

Kapitel einundzwanzig

ANTIGENPRÄSENTATIONSPFADE

Unser Körper hat eine Strategie entwickelt, um mit Antigenen wie Viren, Bakterien und Pollen umzugehen, die Krankheiten oder Störungen im Körper verursachen können. Das Antigen gelangt in den Körper, und dieser löst eine Immunreaktion aus, die auch als Antikörperreaktion bezeichnet wird. Der Körper entwickelt Antigenpräsentationspfade, die ein Reiz-Reaktions-System auf das Antigen sind. Wenn das Antigen das nächste Mal in den Körper gelangt, kann der Körper dank der Immunreaktion mit dem Antigen umgehen, bevor es zu einem Problem wird.

Doch manchmal gerät der Körper in ein Muster und produziert ständig Antikörper, als ob das Antigen noch da wäre, auch wenn es nicht mehr da ist. Dies geschieht bei chronischen Allergien oder Hautkrankheiten. Es kommt zu einer übermäßigen Histamin- oder Antikörperreaktion, die durch die Antigenpräsentationspfade im

Körper ausgelöst wird. Es ist, als ob sie sich auf einer Spur befinden und der Körper keine andere Wahl hat, als die Histaminreaktion zu zeigen, als ob das Antigen vorhanden wäre.

Wenn die Eltern von Menschen oder Tieren, die sich im Mutterleib befinden, eine allergische Reaktion auf etwas haben, können ihre Nachkommen eine exponentielle Ausprägung der allergischen Reaktion entwickeln. Dieser Zustand exponentieller Übertragung vom Elternteil auf das Kind führt zu einer Schwächung der allgemeinen Immunität des Kindes. Es macht die Nachkommen anfälliger für Veränderungen in ihrer Umgebung, sodass sie schlechter mit „Umweltbelastungen" umgehen können. Wenn ein Elternteil auf etwas allergisch reagiert, hat der Körper des Kindes das Gefühl, dass er diese allergische Reaktion auch hat. Die Beschwerde oder die Sensibilität gegenüber dem Antigen wird von den Eltern an das Kind weitergegeben, weil das Kind in der Gebärmutter nicht zwischen Mutter, Vater und sich selbst unterscheidet. Das Kind sieht keinen Unterschied zwischen der Welt seiner Eltern und seiner eigenen Welt. Es denkt, es habe alles, was seine Eltern haben, auch und sei auch alles, was seine Eltern sind. Das führt dazu, dass ein Wesen nicht erkennt, dass es einen Unterschied zwischen seinen Eltern und ihm selbst gibt. Erst im Alter von etwa zwei Jahren merkt es allmählich: „Moment mal. Diese Leute sind nicht ich."

Dain und ich trafen ein Kind, dessen Mutter allergisch auf Käse reagierte, und das Kind hatte eine exponentielle Ausprägung davon, was bedeutete, dass es extrem heftig reagierte, wenn es nur in die Nähe von Käse kam. Das Kind war nicht wirklich allergisch gegen Käse, aber es war ein Antigenpräsentationspfad entstanden. Die allergische Reaktion war eine Reaktion, die der Körper des Kindes von seiner Mutter gelernt hatte. Sobald wir die Antigenpräsentationspfade beseitigt hatten, verschwand die vermeintliche Allergie.

Durch diesen Prozess der Exponentialisierung wird das, was für die Spezies eigentlich möglich ist, geschmälert. Dain und ich sehen das immer wieder. Die Gifte in unserer Umwelt nehmen zu, und aufgrund der Antigenpräsentationspfade haben die Menschen eine geringere Fähigkeit, mit diesen Giften zu leben und sie zu verarbeiten. Sie sind der Wirkung der Gifte mehr und mehr ausgeliefert, was zu einem immer früheren Tod, zu Systemstörungen oder zu einer verminderten Gesundheit und Funktion des Immunsystems führt.

Antigenpräsentationspfade: Anwendung

Das Clearing der Antigenpräsentationspfade lautet: *All die Antigenpräsentationspfade und die exponentiell falsch eingeprägten Realitäten, die darauf basieren, zerstören und unkreieren wir das alles? Right and wrong, good and bad, POD and POC, all 9, shorts, boys, POVADs and beyonds.*

Wenn sich die Beschwerden nicht sofort bessern, kann ein weiterer Aspekt des Prozesses aufgerufen werden: *Alles, was dies ermöglicht, alle positiven und negativen Ionen und freien Radikale, die dies ermöglichen (weil sie die Ursache dafür sind), zerstörst und unkreierst du all das? Right and wrong, good and bad, POD and POC, all 9, shorts, boys, POVADs and beyonds.*

Kapitel zweiundzwanzig

Koppen

Weiter oben habe ich von Carlos erzählt, einem Pferd, das eine schlechte Angewohnheit hatte, das Weben. Eine weitere schlechte Angewohnheit, die Pferde annehmen, ist das Koppen. Beide Verhaltensweisen beginnen in der Regel, wenn sie in einem Stall gehalten werden. Das koppende Pferd greift mit den oberen Zähnen nach einem unbeweglichen Gegenstand, z. B. einer Zaunlatte, beugt dann seinen Hals und zieht ihn nach hinten, während es Luft schluckt. Bei diesem Verhalten werden im Gehirn des Pferdes Endorphine freigesetzt, und es bekommt dadurch einen „Kick". Je stärker es sein Gebiss aufdrückt, desto mehr Endorphine werden freigesetzt. Wenn ein Pferd koppt, saugt es Luft durch die Zähne ein und schluckt sie. Dadurch bläht sich der Magen auf und das Pferd fühlt sich satt. Es frisst nicht, nimmt nicht genügend Nährstoffe auf und kann sein Gewicht nicht halten.

Interessanterweise scheinen einige Pferde das Koppen zu lernen, indem sie ein anderes Pferd dabei beobachten. Sobald ein Pferd anfängt zu koppen, kann es süchtig nach diesem Verhalten werden. Um diese Gewohnheit zu zerstören und zu unkreieren, kann man sagen: *Alles, was dieses Pferd dazu veranlasst hat zu koppen, und alles, was es von dem Pferd neben ihm gelernt hat, das ihm das Koppen beigebracht hat, zerstören und unkreieren wir das und senden alles an den Absender zurück? Right and wrong, good and bad, POD and POC, all 9, shorts, boys, POVADs and beyonds.*

Koppen kann auch wie eine chemische Einprägung sein, in diesem Fall kann man sagen: *Zerstören und unkreieren wir also bitte die ganze chemische Einprägung, die durch das Koppen verursacht wurde? Right and wrong, good and bad, POD and POC, all 9, shorts, boys, POVADs and beyonds.*

Manche Menschen sagen, dass Pferde sich durch das Koppen selbst unterhalten, wenn ihnen langweilig ist. Andere meinen, es sei eine Reaktion auf Stress. Manche sagen, es sei eine Form von zwanghaftem Verhalten, vielleicht ausgelöst durch die Domestizierung. Andere sagen, es sei eine Folge des Bedürfnisses und des Wunsches des Pferdes, zu knabbern. Das Interessante daran ist, dass Pferde in freier Wildbahn nicht koppen. Ich würde sagen, 90 Prozent der Pferde, die koppen, tun dies, weil sie in einem Stall eingesperrt sind und ihnen das Gefühl von Raum fehlt.

Wenn wir klug genug wären, die Tiere dort zu belassen, wo sie hingehören, nämlich in der freien Natur, würde das Koppen nicht vorkommen. Aber wir sperren sie in Ställe. Wir wollen sie vor den Elementen schützen, weil wir glauben, dass sie nicht auf sich selbst aufpassen können. Sie sind eingeschlossen und eingesperrt und sie kauen gerne. Sie schlafen nur drei Stunden am Tag. Was sollen sie in der restlichen Zeit tun? Sie brauchen nur auf etwas zu beißen und dann einmal zu ziehen. Sie denken: „Das hat sich ziemlich gut angefühlt." Das tun sie dann immer öfter, und schon ist es zur Gewohnheit geworden. Sie werden süchtig. *Hey ihr da drüben, ist euch langweilig? Probiert das mal.*

Ich finde es immer lustig, wenn Menschen Unterstände für ihre Pferde bauen. Sie bauen schöne Unterstände für ihre Pferde, und die Pferde stellen sich dann draußen in den Regen. Und warum? Weil sie genau dafür gemacht sind. Der einzige Schutz, den ein Pferd bei Regen hat, sind sein Gewahrsein und seine Augen. Mögen Pferde es, in einem schönen, geschlossenen Raum zu sein? Nein. Ich habe mehr „kranke" Pferde gesehen, als ihr euch vorstellen könnt, die sich gut entwickelten, nachdem sie ins Freie durften.

Eine Dame in Texas hatte ein Turnierpferd, einen Araber, der ausgedient hatte. Er wurde in einer Box gehalten, wo er anfing zu lahmen und krank wurde. Er hatte immer wieder Probleme. Wir konnten die Besitzerin schließlich überreden, ihn tagsüber rauszubringen, damit er mit anderen Pferden zusammen sein konnte. Dann haben wir sie davon überzeugt, ihn auch nachts draußen stehen zu lassen. Dieses Pferd ist jetzt glücklich. Es lahmt nicht mehr und ist auch nicht mehr krank. Pferde sind Herdentiere. Sie mögen es, mit anderen Pferden zusammen zu sein. Das ist ganz normal für sie.

Manche Menschen denken, dass Pferde irgendeinen Unterstand brauchen, um sich vor der Sonne zu schützen, aber in Wirklichkeit bevorzugen viele von ihnen offene Flächen, anstatt unter Bäumen zu stehen. Für uns klingt es gut, unter einem Baum zu stehen, weil es dort schattig ist, aber für sie bedeutet es, dass etwas auf sie herunterspringen kann. Sie stehen gerne in der Mitte eines großen, offenen Feldes. Aus ihrer Sicht ist es viel besser, in der Sonne zu stehen als irgendwo anders. Ich dachte immer, dass sie auch Schatten und Bäume mögen würden, also habe ich versucht, ihnen das zu ermöglichen, aber ich habe mich geirrt. Sie bevorzugen eher offene Flächen.

Kapitel dreiundzwanzig

Die Zone

Die Zone ist ein Ort im Kopf eines jeden Tieres, an dem Frieden herrscht. Frieden ist ein natürlicher Zustand für Tiere. Wenn man die Zone des Tieres findet, mit dem man arbeitet, kreiert oder erschließt man einen Ort des Friedens für das Pferd, den Hund oder die Katze, weil das für sie natürlich ist. Eine unserer Bekannten sagt, wenn sie die Zone bei ihren Pferden findet, sei das so, als würden sie und ihr Pferd im Einssein verschmelzen. Das ist eine großartige Art, es zu beschreiben. Wenn man die Zone findet, stellt man eine Verbindung zwischen sich selbst und dem Tier her. Das Pferd ist mit dir präsent, oder der Hund oder die Katze ist mit dir präsent.

Stell dir die Zone als einen Raum vor

Dain sagt, es helfe ihm, sich die Zone als Raum vorzustellen. Wir sind uns des Raumes um uns herum in der Regel nur wenig gewahr. Manchmal ist unser Raum so groß wie unser Gehirn. Wenn wir mit Tieren arbeiten, müssen wir unseren Raum an die Ausdehnung des Raumes anpassen, in dem sich das Tier wohlfühlt. Alle Tiere haben ein Raumgewahrsein, und jedes Tier hat einen bestimmten Raum, in dem es sich wohl und sicher fühlt. Hattest du schon einmal einen Hund oder eine Katze, die sich am liebsten immer im Haus aufhielten und es verabscheuten, nach draußen zu gehen? Der einzige Bereich, den sie bereit waren einzunehmen, war das ganze Haus. Sie waren nicht bereit, den Außenbereich einzunehmen. Andere Tiere brauchen einen viel größeren Raum. Ich hatte schon Katzen, die nur draußen sein wollten. Sie schauten in den Himmel und um sich herum und beobachteten alles. Wenn man mit einem solchen Tier zusammen ist, muss man dieselbe Art von Gewahrsein haben wie das Tier, damit es mit einem in Verbundenheit und in Verbindung sein kann.

Ich habe einen Hengst in Texas, und um ihn reiten zu können, muss ich einen Raum von etwa 30 Kilometer in alle Richtungen einnehmen. Ein Hengst glaubt, es sei seine Aufgabe, die Herde zu beschützen. Wenn man einen Hengst reiten will, muss man die gleiche Weite an Raum einnehmen, die er braucht, um sich sicher zu fühlen. Wenn ich beim Ausreiten mit meinem Hengst versuche, den Raum zu begrenzen, wird er panisch. Er fühlt sich eingeengt. Aber wenn ich mein Gewahrsein weit genug ausdehne, kann ich ihn durch eine Herde anderer Pferde reiten, und er läuft wie ein Wallach, weil ich alles wahrnehmen kann, was er wahrnehmen kann. Er fühlt sich sicher.

Wenn man ein Pferd in der Zone reitet, entdeckt man einen Ort im Pferd, an dem alles ausgeglichen und friedlich ist. Man weiß, wann das Pferd nervös wird, bevor es selbst nervös wird, weil man die Anspannung in seinem Kopf spürt, und man kann sein Gewahrsein in die Zone ausdehnen. Indem man sowohl sein eigenes als auch das Gewahrsein des Pferdes ausdehnt, beruhigt man das Pferd und beseitigt die Unruhe oder das Problem. Alles wird ruhig, locker und gelassen, wenn man in der Zone ist.

Wenn man mit seinen Pferden oder Hunden zusammen ist, sollte man mit allem genau so sein wie sie. Macht man das sein ganzes Leben lang, hat man eine ausgedehnte Realität. Man ist dann wie die Elefanten, die wussten, wann der Tsunami kommt. Man würde nicht mit den Menschen an den Strand gehen, sondern mit den Elefanten in die Berge rennen. Darin liegt die Chance. Wenn man dieses Gewahrsein hat, weiß man, wann ein Erdbeben kommt. Man weiß, wann man die Stadt verlassen muss.

Was passiert, wenn wir nicht in der Zone sind?

Wenn wir nicht in der Zone sind, projizieren wir Gedanken, Gefühle und Emotionen auf die Tiere. Sie empfangen unsere Projektionen, und es fühlt sich für sie an, als würde all das in ihrem Universum vor sich gehen. Wenn man zum Beispiel der Meinung ist, dass etwas schief gehen wird, denkt das Pferd: „Was ist los? Was entgeht mir?", und es wird ängstlich. Alle Tiere verhalten sich so. Sie suchen nach der Zone, in der alles friedlich ist; sie suchen nach Verbundenheit, Verbindung und Wissen. Wir Menschen haben dieselbe Zone wie Tiere, aber wir blockieren sie und löschen sie aus. Das ist einer der Vorteile an der Arbeit mit Pferden und anderen Tieren. Wir können mit ihnen in dieser Zone sein.

Ein Empfinden von Frieden mit Hunden erzeugen

Wir haben im Haus unserer Freundin Suzy einen Hundekurs mit 17 Hunden abgehalten. Ich kam herein und es herrschte Chaos. Die Hunde pinkelten auf die Sofas, bellten, knurrten und liefen überall umher. Ich dachte: „Okay, das reicht. Es wird Zeit, dass das aufhört." Ich fing an, ein Empfinden von Frieden zu erzeugen, und innerhalb von zwei oder drei Minuten beruhigten sich alle Hunde. Sie sagten: „Okay", und legten sich alle in ihre jeweiligen Ecken.

Ich fragte: „An wem wollen wir zuerst arbeiten?", und eine Hündin namens Emba stand auf und kam zu mir herüber. Ich arbeitete mit Emba, und dann sagte ich: „Okay, Emba, du bist fertig", und sie legte sich wieder hin. Dann fragte ich: „Wer ist der Nächste?", und ein anderer Hund kam zu mir. Die Tiere passten sich an und wählten, wann es an der Zeit war, zu mir zu kommen und mit ihnen zu arbeiten.

Einer der Hunde lag etwas weiter weg in einer Ecke des Raumes, und irgendwann am Nachmittag stand er auf, spazierte an allen anderen Hunden vorbei und setzte sich vor mich, als wollte er sagen: „So, jetzt bin ich dran." Das war großartig zu sehen. Wenn man dieses Empfinden von Frieden erzeugt, wo immer man ist, verändert sich alles in der Umgebung.

Die Leute haben mich gefragt, ob „in der Zone zu sein" wie Meditation sei. Das Problem bei der Meditation ist, dass die meisten Menschen sie nur mit geschlossenen Augen machen können. Wenn man jedoch lernt, die Zone zu finden, kann man sie jeden Tag haben, den ganzen Tag lang, mit offenen Augen, während man die Straße entlanggeht.

Der einzige Nachteil daran, in der Zone zu sein, ist, dass man die Menschen häufig erschreckt, weil niemand merkt, dass man kommt. Man taucht irgendwo auf und die Menschen fragen: „Wo kommst du denn her?" Man erzeugt die Zone und da die meisten Menschen nicht wissen, was die Zone ist, sehen sie einen nicht. Es ist, als würde man für sie nicht existieren, weil man nicht die hektische Energie in ihrem Universum erzeugt, die sie anspricht. Aber man kann sie mit in die Zone nehmen, wenn man es wirklich will.

Pferde sind gerne mit der Erde verbunden

Ein weiterer Aspekt beim Erzeugen der Zone mit Pferden ist, zu erkennen, dass sie gerne mit dem Erdboden verbunden sind. Sie empfinden dies als äußerst beruhigend. Wenn ein Pferd mit der Erde verbunden ist, kann man fast garantieren, dass es nicht erschrickt. Ich hatte schon viele Pferde, die angeblich ängstlich waren oder als Ausreißer galten, und sie haben das nie getan, wenn ich auf ihnen saß. Ich fand die Zone und sie wurden ruhig, locker und gelassen. Sie fingen an, sich zu entspannen und ihre Muskeln so einzusetzen, wie es ihnen entspricht, anstatt sich zu versteifen und gegen die Möglichkeiten zu sträuben.

Man kann die Energie der Verbindung mit der Erde mit jedem Tier herbeiführen. Um ein Pferd mit der Erde zu verbinden, während du es reitest, ziehst du Energie aus der Erde durch den Körper des Pferdes nach oben, durch deinen Körper und durch deinen Kopf nach oben hinaus. Du musst nur die Energie darum bitten, in Fluss zu kommen. Das erfordert kein Bemühen und keine Arbeit. Es ist nicht schwer. Bitte die Energie einfach darum. Das erdet das Pferd. Es wird präsent. Es wird nicht erschrecken. Es wird keine verrückten Dinge tun. Es wird keine Probleme haben.

Wenn man die Zone findet und sein Tier erdet, erzeugt man ein größeres Gewahrsein des Einsseins und der Verbindung, die wir mit allen Dingen sind. Wenn man sich dessen gewahr wird, entsteht eine noch engere Verbindung zwischen einem selbst und dem Tier. Es entsteht eine Verbundenheit. Man kann dann bei allem, was geschieht, präsent sein. Das Pferd, der Hund oder die Katze sind mit einem präsent. Sie sind viel mehr mit einem verbunden.

Die Zone bei Diva finden

In einem unserer Tierkurse arbeiteten wir mit Diva, einer kurzhaarigen Hündin mit rotem Fell, die einem Rhodesian Ridgeback ähnelte. Diva wurde als Welpe in der Wildnis gefunden, und selbst nachdem sie jahrelang mit Menschen zusammengelebt hatte, war sie immer noch sehr scheu. Ihr Besitzer sagte, er glaube, Diva könne die erste Generation eines domestizierten Carolina Dog sein. Sie vertraute den Menschen nicht und ging nicht auf sie zu. Ihr Besitzer sagte, Diva finge an zu zittern, wenn ein Fremder sich ihr nähern würde.

Wir ließen eine Reihe von Prozessen bei Diva laufen, und mit jedem dieser Prozesse wurde sie etwas entspannter, aber interessanterweise führte keiner der Prozesse zu dem eindrucksvollen Ergebnis, das wir normalerweise beobachteten.

Sie entspannte sich erst wirklich, als ich ihren Besitzer bat, die Zone in Divas Kopf zu finden, in der ein Empfinden von Frieden herrschte. Ich bat ihn zu fühlen, wie weit diese Zone in alle Richtungen reichte, und sein Gewahrsein auf alle Dinge auszudehnen, derer seine Hündin sich gewahr war. Sie nahm die Gerüche, Eindrücke, Geräusche und Energie aus allen Richtungen auf und achtete auf alles im Umkreis von mehreren Kilometern.

Domestizierte Hunde haben gelernt, sich auf einen begrenzten Raum zu beschränken. Hunde, die einen wilderen Ursprung haben, sind Wölfen, Kojoten und Hyänen ähnlicher und bewegen sich eher in einem viel größeren Gebiet. Einer der Teilnehmer an diesem Workshop erzählte von seinen beiden Hunden, die halb Hund, halb Wolf waren. Als seine Wolfshunde jung waren, bekam er einen Anruf aus einem Haus, das rund 150 Kilometer entfernt war, und musste sie dort abholen. Für sie war es völlig normal, an einem Tag 150 Kilometer zurückzulegen. Sie sind einfach gerannt und gerannt. Das hat ihnen Spaß gemacht. Bei solchen Hunden muss man den Raum finden, in dem sie agieren, damit sie ein Empfinden von Ruhe entwickeln können. Wenn man diesen Raum nicht erzeugt, zieht sich ihr Universum zusammen. Sie werden unruhig. Sie fragen: „Was ist los? Was entgeht mir?" Sie verstehen nicht, warum man nicht den gleichen Raum hat wie sie, und das gibt ihnen das Gefühl, dass etwas nicht stimmt.

Wir arbeiteten mit Divas Besitzer, bis er auf die Idee kam, sich in den Raum des Hundes auszudehnen, anstatt zu versuchen, den Hund in seinen Raum zu zwängen. Fast sofort wurde Diva viel ruhiger, und ihre Augen wurden sanfter als zuvor. Anstatt sich vor den Menschen im Kurs zu ducken, schien sie plötzlich neugierig auf sie zu sein.

Ein Tier, das mit dem Raum als seiner Sichtweise aufgewachsen ist, fühlt sich durch die Enge, die wir durch unseren Mangel an Gewahrsein erzeugen, eingeengt. Hunde wie Diva können uns lehren, wie wir mehr Raum in unserer Realität haben können. Man muss sich in den Raum des Hundes begeben und so weit ausdehnen, wie der Hund es braucht, um diese Zone der Stille zu erreichen.

Als Divas Besitzer dies gelang, war sie für alle sichtbar und spürbar viel weniger nervös. Der Besitzer sagte, er fühle sich in diesem

Raum ebenfalls ruhiger. Je mehr wir die Zone erzeugen, desto ruhiger werden unsere Tiere. Nachdem ihr Besitzer in ihre Zone gegangen war, kam Diva tatsächlich zu mir, als ich sie rief. Es ist wichtig, von einem solchen Hund nicht zu viel zu verlangen. Verlange ein wenig, und wenn der Hund dem nachkommt, verlange noch ein wenig mehr, und er wird noch ein wenig mehr geben. Man sollte immer nur ein bisschen verlangen, damit der Hund sich in diesen Raum hinein entspannt. Anstatt zu versuchen, den Hund dazu zu bringen, freundlich zu Menschen zu sein, sollte man alles, was er gibt, als Freundlichkeit akzeptieren, ihm danken, ihn dafür belohnen und seinen Raum und seine Zone kontinuierlich anerkennen. Je mehr man das tut, desto freundlicher und gelassener wird der Hund.

Ein Hund wie Diva fühlt sich in einem Haus mit einem großen Garten wohler. Er muss einen großen Raum um sich herum wahrnehmen können und kann nicht eingesperrt in einem kleinen Bereich leben. Der Hund muss das gesamte Gebiet mindestens zwei Kilometer weit in alle Richtungen einnehmen. Wenn man mit ihm unter diesem Blickwinkel arbeitet, wird er so weit kommen, dass er sich hinsetzen und entspannen kann. Man muss nur die Zone in seinem eigenen Kopf haben, wenn man mit ihm zusammen ist, und es wird immer einfacher werden, in der Zone zu sein.

Wir können die ganze Zeit in der Zone sein

Ich habe davon gesprochen, dass man in der Zone sein kann, wenn man mit Tieren zu tun hat, aber wir könnten immer so leben. Wir neigen dazu, unser Leben auf einen kleinen Raum zu reduzieren, als ob das wirklich alles wäre, worum wir uns sorgen müssten. Wenn wir das tun, erschaffen wir uns einen Raum der Sorgen. Aber was ist mit unserem Raum des Gewahrseins? Wenn wir mit einer ausgedehnten Sichtweise – dem Raum des Gewahrseins – arbeiten würden, würden wir Staus vermeiden. Wir würden nicht in Schwierigkeiten geraten. Wir würden vielleicht in die „falsche" Richtung abbiegen und das ganze Trauma und Drama eines Unfalls verpassen. Wir wären dann ausgedehnter. Wir sollten definitiv von dort aus agieren.

Wenn jemand sagt: „Sei vorsichtig", führt das zu Expansion oder Kontraktion? Zu Kontraktion. Wenn jemand sagt: „Sei gewahr", was bewirkt das? Gewahrsein. Eine Frau erzählte mir vor Kurzem, dass sie mit ihrer Tochter im Auto unterwegs war, als ein Mann vor ihr eine rote Ampel missachtete. Sie kam vor ihm zum Stehen, sodass sie nicht zusammenstießen. Ihre Tochter sagte: „Mama, ich habe das Auto gar nicht gesehen. Ich kann nicht glauben, dass du noch rechtzeitig bremsen konntest." So etwas passiert, wenn man aus dem Gewahrsein heraus agiert. Dann weiß man, wann man bremsen muss. Eine andere Frau erzählte uns, dass während einer Autofahrt der Reifen des Autos vor ihr geplatzt sei. Die Reifenteile flogen in alle Richtungen, und sie konnte allen ausweichen. Ihre Begleitung sagte: „Gutes Ausweichmanöver." Ihre Antwort lautete: „Wirklich?" Das war kein Ausweichmanöver. Es war Autofahren voller Gewahrsein. Alles, was wir tun, sollte aus einem ausgedehnten Gewahrsein geschehen. Wenn wir aus dieser Art von Gewahrsein heraus leben, erschaffen wir uns andere Möglichkeiten, weil es in unserem Leben um Expansion und nicht um Kontraktion geht.

Das können uns die Tiere lehren. Sie können uns beibringen, wie wir eine ausgedehntere Realität haben können anstatt einer weniger ausgedehnten. Sie vermitteln es uns, wenn wir ihnen zuhören. Sie geben es uns, wenn wir bereit sind, gewahr zu sein.

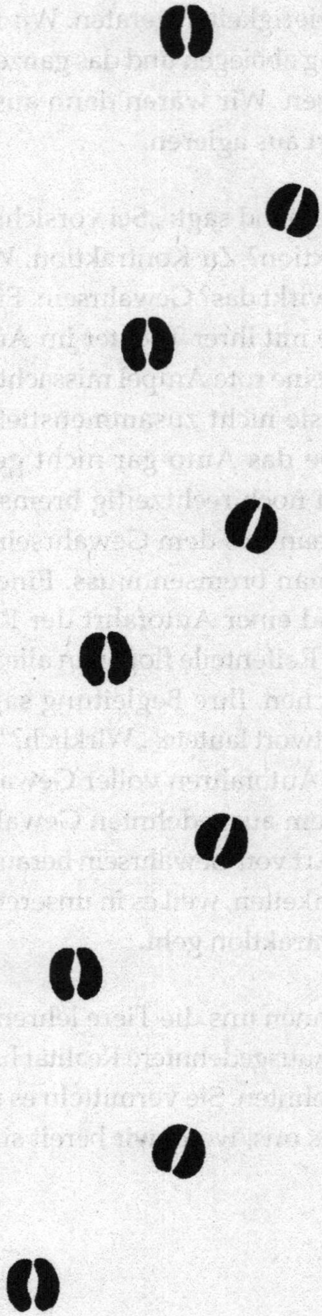

Kapitel vierundzwanzig

IN DER ZONE REITEN

In einem unserer Kurse arbeiteten wir mit Fantasia, einer sechzehnjährigen Stute, halb Hannoveraner, halb Vollblut. Fantasia war eine Leitstute; sie hatte das Sagen über all die anderen Pferde. Sie regte sich schnell auf und reagierte sehr stark auf Ereignisse, und sie kontrollierte die Menschen, indem sie sich unmöglich benahm. Als ihre Trainerin Fantasia vor die Kursteilnehmer führte, ermahnte sie alle, sich langsam und ruhig zu bewegen und keine großen Bewegungen zu machen, weil Fantasia sonst ausrasten könnte.

Fantasia bitten, ihre Entscheidungen zu ändern

Mir wurde klar, dass Fantasia einige Entscheidungen über Menschen getroffen hatte, und zwar keine guten. Ich fragte sie: „Wärst du bereit, all diese Entscheidungen, die du über Menschen getroffen hast, zu zerstören und zu unkreieren? Ja oder nein? Wie lautet die Antwort?" Sie lautete Nein.

Dann fragte ich sie: „Würdest du die Möglichkeit in Betracht ziehen, dass du die Menschen nicht kontrollieren musst, indem du dich unmöglich benimmst?" Dazu war sie bereit. Ich sagte: *Alles, was das ist, all das zerstören und unkreieren bitte. Right and wrong, good and bad, POD and POC, all 9, shorts, boys, POVADs and beyonds.* Tiere sind in dieser Hinsicht wie Menschen. Man kann sie bitten, ihre Entscheidungen zu ändern, aber man kann sie nicht dazu zwingen.

Fantasia reiten

Nachdem wir einige Prozesse bei Fantasia gemacht hatten, um ihre körperlichen Probleme zu lindern, gönnten wir ihr eine Pause und brachten sie dann auf den Reitplatz. Ich wollte Vivi, eine der Kursteilnehmerinnen, anleiten, wie man sie reitet. Ich bat alle im Kurs, Fantasias Zone, den Ort in ihrem Kopf, an dem Frieden herrscht, zu finden und wahrzunehmen, wie weit sie ihre Aufmerksamkeit nach außen richten musste, um sich friedlich zu fühlen. Ich konnte ihre Zone bis zum Rand der Berge in 10 bis 15 Kilometer Entfernung spüren. Ihre Aufmerksamkeit reichte bis dorthin. Sie war kein Pferd, das eingeengt werden sollte. Wenn man ein solches Pferd auf dem Platz reitet, muss man ein hohes Maß an Gewahrsein von Raum haben, sonst wird das Pferd immer nervöser. Der Reiter muss den Ort finden, an dem der Frieden für das Pferd existiert, also die Ausdehnung, und von dort aus reiten. Man weiß, dass man die Zone gefunden hat, wenn man selbst und das Pferd ein Empfinden von Frieden haben.

Eine Freundin erzählte mir, zu lernen in der Zone zu reiten, hätte sie als Reiterin mutiger gemacht, und ihre Pferde seien dadurch ruhig, locker und gelassen geworden und ließen sich wunderbar reiten. Sie sagte, ihre Pferde seien nicht mehr so schreckhaft, weil sie den Frieden in ihrem Universum und den Frieden in ihrem eigenen Universum spüren und ihn beibehalten können. Sie spürt, wenn sie sich ablenken lassen, und dehnt dann die Zone aus, um sie zu beruhigen.

Vivi saß auf Fantasias Rücken, und als Erstes bat ich sie, Energie vom Boden hoch und dann aus ihrem Kopf heraus zu ziehen. Wenn wir die Energie vom Boden her nach oben ziehen, beruhigt das das Pferd, weil es seine Verbindung zur Erde und zu uns gleichermaßen spürt. Pferde wissen, wie sie mit der Erde verbunden sein können, aber sie wissen nicht, wie sie mit uns verbunden sein können, wenn wir diese Verbindung nicht herstellen. Vivi machte das, und wir konnten sehen, wie sich Fantasia sofort entspannte. Dann bat ich Vivi, die Energie noch ein wenig mehr nach oben zu ziehen, um den Druck von Fantasias Vorderhand zu nehmen, und Fantasia wurde noch lockerer. Du kannst jedes Pferd auf diese Weise reiten und wirst begeistert sein, wie das Pferd darauf reagiert.

Vivi ritt mit ihr um den Platz, und nach ein paar Augenblicken bemerkte ich, dass Fantasia ihr Gewicht wieder auf die Vorderhand verlagert hatte. Wenn ein Pferd das tut, sollte man die Zone ausdehnen - oder den Bereich, den man im Kopf des Pferdes spürt. Vivi tat dies, und Fantasia wurde wieder lockerer. Wenn Vivi ihre Aufmerksamkeit auf einen kleineren Bereich reduzierte, wurde Fantasia unruhig, aber sobald Vivi erneut in Fantasias Zone ging, beruhigte Fantasia sich wieder.

Ich brachte Vivi bei, die Energie weiterhin vom Boden hochzuziehen, während sie die Zone ausdehnte. Wir konnten sehen, wie viel einfacher das für Fantasia war. Wenn man ein Pferd reitet, kann es umso schneller losreiten und Leichtigkeit in seinem eigenen Universum haben, je mehr man den Bereich ausdehnt, die Energie nach oben zieht und die eigene Energie in die Schultern bringt.

Plötzlich wurde Fantasia nicht mehr von Vivi geritten, sondern sie arbeitete mit Vivi. Das ist eine ganz andere Art, ein Pferd zu reiten.

Pferde reagieren auf unsere Gedanken

Als Vivi und Fantasia um den Platz ritten, bat ich Vivi, anzugaloppieren – und zwar einfach, indem sie ihre Energie und ihr Gewahrsein von Raum ausdehnte. Zuerst versuchte Vivi, Fantasia über ihre Beine zu reiten, aber ich ermutigte sie, sie über ihre Gedanken zu reiten. Ich sagte: „Sei in Gedanken bei Fantasia. Spüre sie." Vivi dehnte ihre Zone aus und versuchte nicht, sie einzuengen. Stattdessen ritt sie von der Zone aus, und das war wunderschön. Fantasia war immer noch die Leitstute. Sie hatte das Gefühl, alles unter Kontrolle zu haben, weil Vivi ihre Zone ausdehnte. Sie war so entspannt, dass man denken konnte, sie sei ein sanftes, braves Pferd. Vivi konnte nicht glauben, dass sie Fantasia allein durch die Ausdehnung ihrer Energie und ihres Gewahrseins von Raum dazu bringen konnte, anzugaloppieren. Sie sagte: „Das ist großartig! Ich liebe Pferde so sehr. Das verändert mein Leben!"

Ich habe Vivi dann angeleitet, Fantasia genau das gedanklich zu übermitteln, was sie von ihr wollte. Ich sagte: „Vermittle es ihr nur in Gedanken. Gib ihr keine körperlichen Signale. Übermittle ihr Bilder von dem Tempo, das du dir wünschst, und wie locker sie sein soll." Genau das mache ich mit meinen Pferden. Ich bringe ihnen bei, sich ganz von meinen Gedanken leiten zu lassen, ohne Signale zu geben.

Mach dir klar, dass ein Pferd traben wird, wenn du ihm gedanklich übermittelst, dass es traben soll. Wenn du denkst, dass es explodieren wird, wird es das auch. Es wird alles tun, was du von ihm verlangst. Wenn du erwartest, dass es sich schlecht benimmt, rate mal, was es dann tun wird? Tiere sind unglaublich gewahr. Sie tun alles, was sie können, um uns beizubringen, was zu tun ist.

Am Ende unserer Coaching-Sitzung hatte Vivi eine völlig neue Art des Reitens kennengelernt und hatte Tränen der Rührung und der Dankbarkeit in den Augen. Du wirst merken, dass du genau das Gleiche mit allen Pferden tun kannst, die du reitest.

Kapitel fünfundzwanzig

Du sollltest nicht auf ein Ergebnis fixiert sein

Bei der Arbeit mit Tieren müssen wir einen wichtigen Punkt beachten. Wenn man auf ein bestimmtes Ergebnis fixiert ist, erzielt man kein Ergebnis. Was bedeutet es, auf ein Ergebnis fixiert zu sein? Wenn man das Gefühl hat, dass man mit seiner Arbeit ein Ergebnis erzielen muss – oder dass man dem Tier helfen muss –, dann ist man auf das Ergebnis fixiert.

Playboy, der Vollbluthengst, der jetzt Dain gehört, hat sich vor einiger Zeit verletzt. Er sprang in einen großen Geröllhaufen und riss sich ein Kreuzband. Ich ließ den Tierarzt kommen, um ihn zu untersuchen.

Der Tierarzt sagte: „Dieses Pferd wird für etwa drei Monate ausfallen."

Ich war ein wenig am Ergebnis interessiert und fragte: „Drei Monate?"

Er meinte: „Na ja, vielleicht ein bisschen weniger, aber vermutlich drei Monate."

Playboy ist ein Pferd, das so gut wie immer herumläuft, und der Tierarzt sprach davon, ihn drei Monate lang in einem drei mal drei Meter großen Pferch zu halten, ohne ihn nach draußen zu lassen. Dazu muss man wissen, dass dies das energiegeladenste Pferd der Welt ist. Nicht auszudenken, wie es wäre, ihn nach drei Monaten Gefangenschaft nach draußen zu lassen. Oh nein.

Ich habe versucht, MTVSS auf dem Kreuzband zu machen, aber Playboy ließ mich nicht. Also rief ich eine Freundin an, die keine Pferde mag, und fragte: „Würdest du das für mich tun?"

Sie fragte: „Muss ich das machen?"

Ich erwiderte: „Bitte. Ich bezahle dich dafür. Ich bin zu sehr auf das Ergebnis fixiert, und ich erreiche nichts."

Sie kam vorbei und machte MTVSS und Zellgedächtnis auf dem Kreuzband. Der Tierarzt kam etwa zwei Tage später mit seinem Ultraschallgerät und sagte: „Wow, das ist seltsam. Ich kann hier nichts finden."

Er konnte nur eine winzige Narbe finden, die etwa einen halben Zentimeter lang und so breit wie ein Haar war.

Er meinte: „Ich war mir sicher, dass Playboy lange ausfallen würde. Ich denke, in etwa einer Woche ist er wieder in Ordnung. In einer Woche könnt ihr ihn wieder nach draußen lassen."

Ich fragte: „Was soll ich tun, wenn er wie der Teufel losprescht?"

Er sagte: „Nun, dann verabreichen wir ihm etwas Ace."

Ace ist ein Beruhigungsmittel für Pferde. Nach einer Woche gab ich Playboy genug Ace, um ihn ruhigzustellen, und ließ ihn auf einem Platz laufen, auf dem ein Meter Schlamm stand. Er rannte 45 Minuten lang und blieb unverletzt. Man kann mit diesen Prozessen unglaubliche Ergebnisse erzielen. Verletzungen wie gerissene Bänder können behoben werden. Aber man darf sich nicht auf das Ergebnis versteifen.

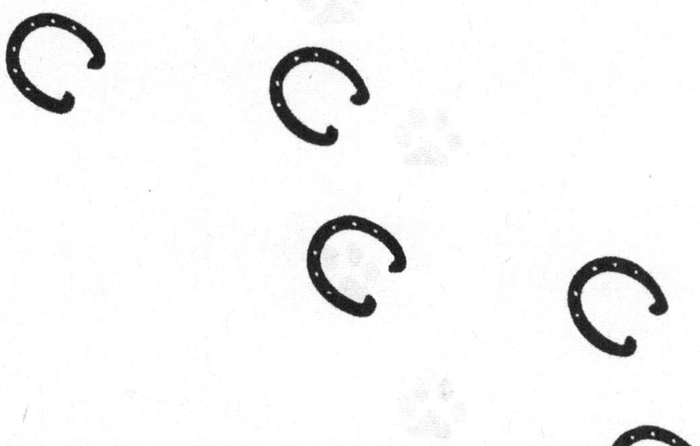

Kapitel sechsundzwanzig

Unauffälliger Bühnenabgang

Unauffälliger Bühnenabgang ist ein Prozess, der jedem helfen kann, der unheilbar krank ist. Er ist für Menschen oder Tiere gedacht, die alt sind und sich darauf vorbereiten, ihren Körper zu verlassen. Wenn wir mit Menschen und Tieren arbeiten, die dem Tod nahe sind, gehen wir oft davon aus, es sei hilfreich, die Verbindung zu ihrem Körper zu lösen. In Wirklichkeit ist es genau umgekehrt. Die Stellen, an denen wir nicht mit unserem Körper verbunden sind, sind die Stellen, die uns in ihm festhalten. Wir haben keine Kontrolle über diese Bereiche, und deshalb können wir unseren Körper nicht nach Belieben stilllegen. Wir müssen uns tatsächlich mit unserem Körper verbinden, um uns von ihm lösen zu können.

Unauffälliger Bühnenabgang gibt Lebewesen die Möglichkeit zu wählen, ob sie sterben wollen oder nicht. Der Mensch oder das Tier hat dann die Wahl, den Körper zu heilen oder ihn gehen zu lassen. Dieser Prozess gibt ihnen die Möglichkeit - wenn sie es wünschen -, aus eigenem Antrieb zu gehen, sanft und einfach, normalerweise innerhalb von dreieinhalb Wochen. Mache Unauffälliger Bühnenabgang, und die Tiere werden ihren Körper verlassen, wenn sie dazu bereit sind. Sie verlassen ihren Körper, steigen aus, sind weg, tschüss, toter Körper, adios. Wieder von vorne.

Das Tier hat die freie Wahl

Es ist wichtig, daran zu denken, dass das Tier eine Wahl hat. Es kann wählen, ob es gesund werden will oder nicht. Vor Kurzem rief mich eine Frau an und sagte: „Mein Kater ist erblindet, hat Anfälle und sein Leben ist vorbei, und ich weiß nicht, was ich mit ihm machen soll. Ich möchte nur, dass er gesund wird. Was muss ich tun?"

> Ich sagte: „Meine Liebe, du bist daran interessiert, dass er gesund wird. Hast du ihn gefragt, ob er bleiben will?"
>
> Sie erwiderte: „Ja, ich habe ihn gefragt, und er sagte, er wolle bleiben."
>
> Ich fragte: „Geht es ihm seitdem schlechter oder besser?"
>
> Sie antwortete: „Schlechter."
>
> Ich meinte: „Ich glaube, die Antwort war nicht richtig, oder? Vielleicht solltest du lieber noch einmal fragen."

Es kommt oft vor, dass die Besitzer nicht wollen, dass ihre Tiere gehen, und das kann es dem Tier schwer machen, in Frieden zu sterben, wann es möchte.

Die alte schwarze Stute

In einem unserer Tierkurse arbeiteten wir mit einer alten, abgemagerten, schwarzen Stute, die so schwach war, dass sie kaum noch fressen konnte. Wir fragten sie, was wir für sie tun könnten, und sie sagte, sie wolle nichts anderes als die Möglichkeit, ihren Körper zu verlassen.

Wir ließen Unauffälliger Bühnenabgang bei ihr laufen und fanden heraus, dass ihre Besitzerin sie festhielt. Die Frau wollte nicht, dass ihr Pferd stirbt. Sie konnte nicht loslassen, und das machte es dem Pferd schwer, seinen Körper zu verlassen. Wir machten zwei Prozesse, um die Projektionen und Erwartungen, die die Besitzerin dem Pferd auferlegt hatte, zu entfernen, und wir konnten dabei ihre Erleichterung spüren.

Wir fragten die Stute: *All die Projektionen, Erwartungen, Abtrennungen, Bewertungen und Zurückweisungen, die dir von deiner Besitzerin auferlegt wurden, dass du für immer leben musst, dass sie will, dass du für immer für sie da bist, zerstörst und unkreierst du all diese Entscheidungen, Bewertungen und Verpflichtungen? Right and wrong, good and bad, POD and POC, all 9, shorts, boys, POVADs and beyonds.*

Alles, was ihre Besitzerin ihr energetisch auferlegt, um sie hier zu halten, alles, was sie tut, um sie zurückzuhalten, zerstöre und unkreiere all das bitte bei der Besitzerin. Right and wrong, good and bad, POD and POC, all 9, shorts, boys, POVADs and beyonds.

Unauffälliger Bühnenabgang: Anwendung

Wir haben dann Unauffälliger Bühnenabgang gemacht. Dabei sagt man: *Alle Systeme von Unauffälliger Bühnenabgang, die es ihr ermöglichen, ihren Körper entweder zu heilen oder ihn zu verlassen, zerstören und unkreieren wir alles, was nicht zulässt, dass das geschieht?*

Right and wrong, good and bad, POD and POC, all 9, shorts, boys, POVADs and beyonds.

Alles, was dir nicht erlaubt zu erkennen, dass du dich morgen hinlegen und entschlafen kannst, zerstörst und unkreierst du das bitte? Right and wrong, good and bad, POD and POC, all 9, shorts, boys, POVADs and beyonds.

Ich bat alle Anwesenden, eine Energieglocke um sie zu bilden, um alle anderen aus ihrem Universum herauszuhalten, damit sie nichts aus Sicht anderer tun musste und ihren Körper verlassen konnte, wann immer sie wollte.

Normalerweise läuft und läuft und läuft ein Pferd und fällt dann tot um. Pferde denken nie, sie seien alt. Sie wissen nur, dass sie ein Fohlen sind und dass sie ein Pferd sind, und das ist auch schon alles, was sie darüber denken. Ich habe dieser Stute gesagt, sie könne jederzeit gehen und habe das Recht, in Frieden und Leichtigkeit und voller Würde zu sterben.

Ich dankte ihr und sagte ihr, sie sei in ihrem Leben ein großartiges Pferd gewesen. Ich sagte: „Hol dir einen neuen Körper und komm als ein anderes großartiges Pferd zurück. Du kannst beim nächsten Mal noch großartiger sein, wenn du es willst. Du musst nicht zu demselben Besitzer zurückkehren. Finde jemand Neues für dich. Finde jemanden, der dich als das großartige Wesen schätzt, das du bist."

Unauffälliger Bühnenabgang nach dem Klären von Entitäten

Wenn eine Entität den Körper einer Person oder eines Tieres in Beschlag nimmt, wirken sich die Gedanken der Entität auf die Person oder das Tier aus, in deren oder dessen Körper sie ist. Dies trifft besonders dann zu, wenn eine menschliche Entität den Körper eines Tieres in Besitz genommen hat. Die Entität denkt beispielsweise: „Wie zum Teufel komme ich hier raus?", was für das Tier sehr verwirrend sein kann. In einem unserer Tierkurse haben wir mit einem lieben, älteren Pferd namens Katie gearbeitet. Ich fragte sie, ob eine Entität an ihr hängt, und die Antwort lautete Ja.

Es stellte sich heraus, dass es sich um eine menschliche Entität handelte, die in Katies Körper festhing. Nachdem wir die Entität aus Katie entfernt hatten, machten wir Unauffälliger Bühnenabgang, um ihr zu helfen, sich von dem Gefühl zu lösen, von der Entität aus ihrem Körper verdrängt worden zu sein. Es half Katie auch, sich von dem Gefühl zu lösen, in ihrem Körper festzustecken – was die Empfindung der Entität war. Es gab Katie die Möglichkeit, eine Veränderung zu bewirken. Wenn sie den Körper verlassen und sich einen neuen zulegen wollte, hatte sie die Möglichkeit, das zu tun. Oder sie konnte sich voll und ganz aufs Leben einlassen und ihren Körper vollständig zurückerobern, jetzt, da die Entität weg war. So hatte Katie die Wahl, was sie kreieren wollte.

Wenn man ein Pferd hat, das irritierende Dinge tut, z. B. einen tritt, auf einen tritt, auf einen fällt, könnte man überprüfen, ob eine Entität an ihm hängt. Jemand könnte versuchen, sich zu befreien. Nachdem man die Entität entfernt hat, kann man Unauffälliger Bühnenabgang laufen lassen.

Kapitel siebenundzwanzig

JEDER NIMMT ENERGIE ANDERS WAHR

Manchmal erhalte ich in unseren Tierkursen andere Informationen oder Antworten als die Teilnehmer, und sie haben mir gesagt, dass sie dann an ihrer Fähigkeit zweifeln, Energie wahrzunehmen. Wenn ich eine Antwort erhalte, die von ihrer abweicht, haben sie vielleicht das Gefühl, ihre Informationen seien falsch oder unzuverlässig. Es ist wichtig zu bedenken, dass jeder Mensch Energie anders wahrnimmt. Du wirst die Informationen nicht auf dieselbe Weise empfangen wie ich. Du wirst sie genau so empfangen, wie du sie empfängst. Die Informationen, die du erhältst, sind nicht falsch, sie sind nur anders. Wenn du das erkennst, wirst du dich nicht selbst herabsetzen. Du wirst den Informationen vertrauen, die du erhältst, und das tun, was sich für dich richtig anfühlt. Folge immer der Energie, die du wahrnimmst. Wenn du mit dieser Arbeit beginnst, wirst du Ergebnisse erzielen und aufhören, an dir selbst zu zweifeln.

Mit diesen Prozessen kannst du Tieren nicht wehtun. Wie reagieren sie, wenn du das „Falsche" tust? Sie bewegen sich oder weichen aus. Sie sagen: „Nein, nein, nein." Ich erinnere mich an die Arbeit mit einem Pferd namens Foxy Lady. Wir versuchten, an ihrem Kopf Wechselseitige Dimensionalitäten zu machen, und sie sagte: „Nein, nein, nein. Lass das sein." Ich fragte sie: „Wo soll ich arbeiten?", und ich erhielt als Antwort die Lunge. „Oh, die Lunge. Okay, gut."

Als ich anfing, an ihrer Lunge zu arbeiten, sagte sie: „Ahh." Tiere sagen dir immer, was sie brauchen. Wenn du eine Frage stellst, geben sie dir immer die Antwort – wenn du dir erlaubst, sie zu empfangen.

Wenn du mit dieser Arbeit beginnst, wird dein Selbstvertrauen wachsen, und du wirst immer sicherer darin, was das Tier will und was getan werden muss. Du kannst alle Prozesse laufen lassen, die ich dir hier erkläre. Es gibt nichts, was Dain und ich getan haben, das du nicht auch tun kannst. Es mag hilfreich sein, einen Access-Tierkurs mit uns zu besuchen und die Energie zu spüren, bevor du das erste Mal mit einem Tier arbeitest, aber selbst das ist nicht notwendig, wenn du die Frage stellst und auf die Antwort hörst. Wenn du mit einem Tier arbeitest und eine Frage hast, kannst du immer bitten: „Gary, hilf mir!", und du wirst die Informationen erhalten, die du brauchst. Aber das ist im Grunde ein Trick: Du fragst mich nach den Informationen, die du brauchst, und das Universum gibt dir die Antwort – wenn du zuhörst.

Menschen haben mich gefragt, wie ihre Wahrnehmung sein wird, wenn sie sich der Informationen, die zur Verfügung stehen, gewahrer werden. Eine Person befürchtete, dass sie dadurch eine Kakophonie von Stimmen und Informationen hören würde. Ich versicherte ihr, dies werde nicht geschehen. Wenn du gewahrer wirst, bist du dir bewusst, woher die Informationen kommen. Es ist das Gegenteil einer Kakophonie. Was momentan bei dir abläuft, ist eine Kakophonie. Deshalb versuchst du, das Einströmen von Informationen zu verhindern. Du versuchst, dich selbst daran zu hindern, Informationen zu empfangen, weil ständig so viel auf dich projiziert wird. Wenn dein Gewahrsein zunimmt, schnappst du die Gedanken, Gefühle und Emotionen der Menschen um dich herum auf, aber du weißt, woher sie kommen, und du siehst sie einfach als eine interessante Ansicht. Die Informationen kommen zu dir als Gewahrsein, nicht als ein Wust an Geräuschen.

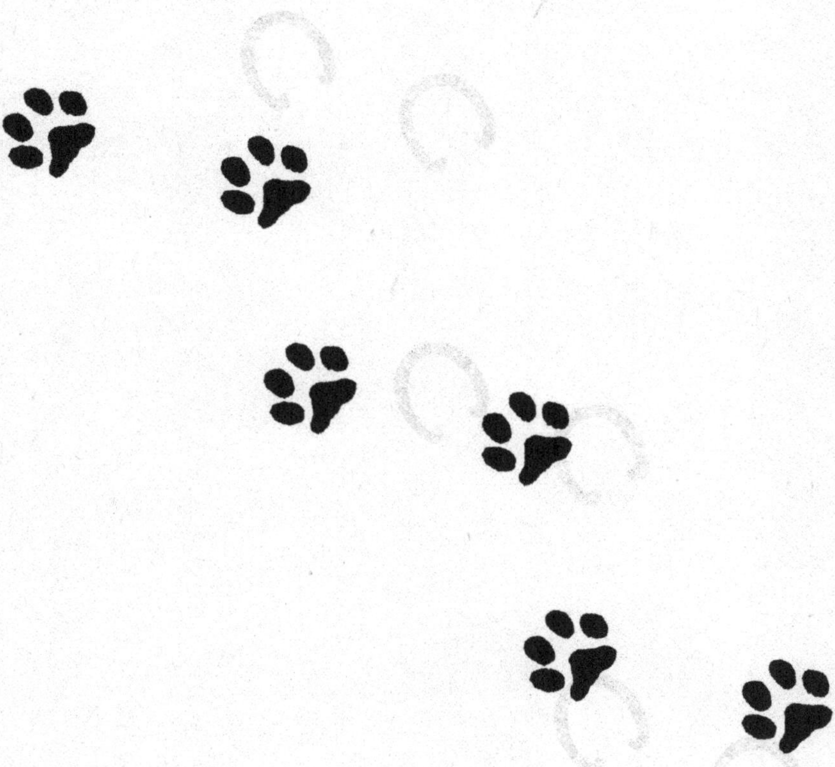

Kapitel achtundzwanzig

Bei Tieren ist alles einfach, wie es ist

Wäre es nicht schön, wenn die Menschen so klug wären, sich so schnell zu ändern wie die Tiere? Die meisten Menschen begründen alles intellektuell. Sie sagen Dinge wie: „Nun, das ist passiert, weil ...“ Diese Herangehensweise fördert nicht die Veränderung; sie fördert das Denken, die Erklärungen, die Entscheidungen und die Gründe, warum diese oder jene Krankheit vorliegt.

Tiere tun so etwas nicht. Bei Tieren ist alles einfach, wie es ist. Sie lassen alles so sein, wie es ist. Sie haben keine Ansicht darüber, was geschieht. Sie sind nicht daran interessiert, etwas zu ändern. Sie lassen Dinge schnell und einfach los.

Wenn du mit Tieren arbeitest, steht dir diese Fähigkeit ebenfalls zur Verfügung. Du musst nur bereit sein, die Antworten aus deinem Mund purzeln zu lassen und erkennen, dass die Fähigkeit, Heilung zu ermöglichen, in deinem Wesen liegt. Sie steht dir zur Verfügung, wenn du es zulässt. Du musst einfach nur sagen: „Weißt du was? Was auch immer dieses Pferd braucht oder was auch immer dieser Hund oder diese Katze braucht, hier ist es." Und dann gibst du es ihnen.

Sie werden es empfangen.

Die meisten Menschen tun das nicht.

Eines der größten Geschenke, die uns Tiere machen, ist die Art und Weise, wie sie von uns empfangen, ohne zu hinterfragen, ohne zu bewerten und ohne Vorbehalte. Sie empfangen unbegrenzt. Sie geben uns die Möglichkeit, das zu tun, wozu die meisten von uns nie die Gelegenheit haben: alles zu verschenken, was wir haben, ohne Vorbehalte oder Rücksichtnahme. Wir können dies jedes Mal erleben, wenn wir mit Tieren arbeiten. Wir haben die Gelegenheit, mit der vorhandenen Energie präsent zu sein. Stelle Fragen, und die Tiere sagen dir, was vor sich geht. Sie beantworten unsere Fragen. Sie lassen uns wissen, was vor sich geht.

Ich liebe es, mit Tieren zu arbeiten, weil ich mein eigenes Wissen und meine Wahrnehmung anzapfen kann, um mir bewusst zu werden, wie ich ihnen helfen kann. Das kannst du auch. Die Tiere lassen dich alles wissen, was du wissen, sein, wahrnehmen und empfangen musst. Bei der Arbeit mit Menschen ist das oft nicht möglich, denn die meisten Menschen haben ihr Wissen abgeschaltet.

Wird uns beigebracht, gewahr zu sein? Nein. Uns wird beigebracht, die Antwort zu finden, nicht, die Frage zu stellen. Uns wird beigebracht, davon auszugehen, dass wir die richtige Ansicht haben. Man bringt uns nicht bei, der Energie zu folgen. Bei Tieren können wir nicht davon ausgehen, dass wir die Antwort oder die richtige Ansicht haben, denn wenn wir das tun, werden wir kein Ergebnis erzielen. Aber wenn wir eine Frage stellen, werden sie uns die Antwort geben. Wir müssen bereit sein, sie von ihnen zu empfangen. Das ist das Geschenk, das sie uns jedes Mal machen, wenn wir uns mit ihnen verbinden.

Kapitel neunundzwanzig

DU BIST NICHT DERJENIGE, DER HEILT

Abschließend möchte ich noch einen wichtigen Hinweis zur Arbeit mit Tieren geben, vor allem, wenn du dies beruflich machst. Sage nicht, dass du Tiere heilst. Behaupte nicht, dass du die Heilung bewirkst. Das ist nicht wahr. Du unterstützt das Tier und den Tierarzt bei der Heilung.

Mancher Tierarzt wird sagen: „Das ist nicht möglich." Vielleicht stimmt das ja, oder es ist eine Projektion. Die Ansichten der anderen beruhen auf dem Wissen, das sie haben, das sich auf die Wissenschaft stützt, die sie haben, die von den Menschen kommt, mit denen sie arbeiten. Sie sind oft nicht bereit, mit der Energie, so wie sie ist, präsent zu sein. Du kannst dem Tier helfen oder seinen Prozess der Veränderung und Verbesserung unterstützen, aber du musst dir unbedingt darüber im Klaren sein, dass du es nicht heilst. Du erleichterst dem Tier die Selbstheilung. Achte darauf, dass du dich nicht in Schwierigkeiten bringst, indem du Behauptungen aufstellst, die nicht der Wahrheit entsprechen. Sei umsichtig im Umgang mit diesem Thema.

Kapitel dreißig

Tiere kommunizieren telepathisch

Alle Tiere kommunizieren telepathisch. In der bereits erwähnten Tierauffangstation arbeiteten wir mit einigen Rhesusaffen, die in verschiedenen Abteilungen einer Forschungseinrichtung für Tests mit chemischen Substanzen eingesetzt worden waren. Ein Affe hatte Elektroden in den Augen, einer im Gehirn und einer in den Ohren. Die Forscher trennten die Affen, weil sie dachten, sie würden bei jedem von ihnen unterschiedliche Ergebnisse erhalten, aber alle Ergebnisse waren gleich, weil die Affen so gut aufeinander eingespielt waren. Sie erzählten einander, was passierte, und reagierten alle gleich auf die chemischen Tests.

Wie zuverlässig ist die Tierforschung, wenn die Wissenschaftler nicht anerkennen, dass Tiere telepathisch kommunizieren? Ist sie überhaupt aussagekräftig? Nein, natürlich nicht! Wenn Wissenschaftler wirklich an Tieren forschen wollen, sollten sie es mit Menschen versuchen, denn die sind nicht intelligent genug, um telepathisch Informationen auszutauschen.

Da Tiere telepathisch kommunizieren, können wir, wenn wir bei einem von ihnen ein Empfinden von Frieden erzeugen, dieses Empfinden auch bei allen anderen Tieren erzeugen. Letztes Jahr hat jemand in Costa Rica während unseres Sieben-Tage-Programms von Access ein provisorisches Geländer zum Anbinden der Pferde errichtet, indem er einen sechs Meter langen Baumstamm auf Pfosten nagelte. Drei der Pferde gingen durch und rissen das Geländer aus den Pfosten. Die drei hatten einen sechs Meter langen Baumstamm zwischen sich und rannten und schwangen ihn herum. Ach du Scheiße. Und zehn Leute von Access standen daneben und sagten: „Oh, ist das nicht interessant?"

Da es einfacher war, die Pferde zu bändigen, als die Leute dazu zu bringen, ins Haus zu gehen, sagte ich: „Brrr" und versetzte den Pferden einen Energieblitz, der ein Empfinden von Frieden erzeugte. Dadurch blieben sie stehen und wir konnten sie losbinden. Ich gab ihnen einen Raum, in dem sie denken konnten: „Ich muss mich nicht fürchten." Dadurch wurde die Angst aus ihrem Universum genommen. Das kannst du auch, wenn du bereit bist anzuerkennen, dass Tiere telepathisch kommunizieren, und wenn du bereit bist, selbst telepathisch zu kommunizieren. Der Trick dabei ist, ihnen das ganze Bild auf einmal zu vermitteln, nicht nur einen Teil davon. Das Wort „Brrr" hat für ein costaricanisches Pferd keine Bedeutung. Dieses Wort wird dort nicht benutzt. Man sagt: „Ya". Als ich jedoch die Pferde mit „Brrr" ansprach, vermittelte das die ganze Energie von „Frieden, Ruhe, Gelassenheit". Darauf haben sie reagiert.

Bei der Kommunikation mit Tieren geht es um das Bild, das man ihnen mit absoluter Präsenz in den Kopf setzt. Wirklich gute Reiter scheinen wie selbstverständlich telepathisch mit ihren

Pferden zu kommunizieren. Sie scheinen zu wissen, dass Tiere so kommunizieren, und sie verstehen sich darauf, mit ihren Pferden so zu sprechen, wie Tiere kommunizieren. Abgesehen von Mister Ed und Francis, dem sprechenden Maultier, sind uns keine sprechenden Pferde bekannt. Wir laden dich ein, mithilfe der Informationen, die wir dir in diesem Buch vermittelt haben, mit den Tieren zu sprechen.

Sei dir bitte bewusst, dass du alles tun kannst, was wir tun können. Du kannst alles haben, was wir in diesem Buch beschrieben haben, und noch mehr. Es braucht nur eins: Leg los und beginne, mit Tieren zu arbeiten.

Hinweis für den Leser

Die in diesem Buch vorgestellten Informationen sind nur ein kleiner Auszug dessen, was Access zu bieten hat. Es gibt ein ganzes Universum von Access-Prozessen und -Kursen. Wenn es Bereiche gibt, in denen du die Dinge in deinem Leben nicht so hinbekommst, wie du weißt, dass sie sein sollten, könnte es für dich interessant sein, einen Access-Kurs zu besuchen oder einen Access-Facilitator zu suchen, der mit dir arbeiten kann, um dir zu mehr Klarheit über Probleme zu verhelfen, die du nicht überwinden kannst. Access-Prozesse werden mit einem ausgebildeten Facilitator durchgeführt und basieren auf der Energie von dir und der Person, die mit dir arbeitet.

Weitere Informationen unter:
www.accessconsciousness.com.

Glossar

Bars

Die Bars sind ein Handauflegeprozess von Access, bei dem Punkte am Kopf leicht berührt werden, die jeweils verschiedenen Aspekten des Lebens entsprechen. Es gibt Punkte für Freude, Traurigkeit, Körper und Sexualität, Gewahrsein, Güte, Dankbarkeit, Frieden und Ruhe. Es gibt sogar einen Punkt für Geld. Diese Punkte werden die Bars (engl. für Balken) genannt, weil sie von einer Seite des Kopfes zur anderen verlaufen.

Clearing Statement (POD/POC)

Das Clearing Statement, das wir bei Access verwenden, lautet: Right and wrong, good and bad, POD and POC, all 9, shorts, boys, POVADs and beyonds.

Right and wrong, good and bad ist die Kurzform für: Was ist gut, perfekt und richtig hieran? Was ist falsch, gemein, bösartig, schrecklich, schlecht und fürchterlich hieran? Was ist richtig und falsch, gut und schlecht?

POC ist der Punkt der Kreation (Point of Creation) der Gedanken, Gefühle und Emotionen, die der Entscheidung unmittelbar vorausgehen.

POD ist der Punkt der Zerstörung (Point of Destruction) unmittelbar vor der Entscheidung, die man getroffen hat. Es ist, als würde man die unterste Karte aus einem Kartenhaus ziehen. Das ganze Kartenhaus stürzt ein.

All 9 steht für neun Schichten Mist, die abgetragen wurden. Irgendwo unter diesen neun Schichten muss sich ein Pony befinden, denn ohne die Hilfe eines Ponys hätte sich nicht so viel Mist an einer Stelle anhäufen können. Es ist Mist, den du selbst erzeugst, das ist das Blöde daran.

Shorts ist die Kurzversion von: Was daran ist von Bedeutung? Was hat keine Bedeutung? Was ist die Strafe dafür? Was ist die Belohnung dafür?

Boys steht für geschlossene Sphären. Hast du jemals einen dieser Seifenblasenringe für Kinder gesehen? Du pustest hinein und es entstehen jede Menge Blasen. Du lässt eine Blase platzen und neue Blasen füllen den Raum gleich wieder aus.

POVADs sind alle Ansichten, die du verteidigst und vermeidest, die dies aufrechterhalten.

Beyonds sind Gefühle oder Empfindungen, die bewirken, dass dir das Herz stehen bleibt, dich den Atem anhalten lassen oder deine Bereitschaft, Möglichkeiten zu sehen, unterbinden. Wie zum Beispiel, wenn dein Business rote Zahlen schreibt und du eine weitere Mahnung bekommst und sagst: „Argh!" Damit hattest du jetzt nicht gerechnet.

Manchmal sagen wir einfach nur: „POD und POC", anstatt das ganze Clearing Statement zu sagen.

CPSIA information can be obtained
at www.ICGtesting.com
Printed in the USA
LVHW091254101122
732762LV00015B/1096

9 781634 935975